主编简介

李海红 男，汉族，中共党员，1962年8月生，1981年7月参加工作，哈尔滨师范大学汉语言文学专业毕业。曾任黑龙江省铁力县第一中学教师，共青团黑龙江省铁力县委副书记、县政协常委、普法办副主任，黑龙江省青年干部学院教师、黑龙江省青工理论教研室主任，共青团黑龙江省委组织部正科级巡视员、副部长，共青团黑龙江省委青工部副部长、部长，共青团黑龙江省委青农部部长。

1997年4月，任共青团黑龙江省委常委、组织部部长；

2000年7月—2001年8月，参加黑龙江省委农村"四项重点工作"，任五常市督导组组长；

2002年12月，任共青团黑龙江省委副书记；

2004年1月—2004年12月，参加黑龙江省国企改革共建工作，任黑龙江省亚麻集团改革工作组组长；

2007年，任黑龙江省第三批援藏工作队总领队，西藏日喀则地委副书记；

2011年2月，任齐齐哈尔大学党委书记；

2016年7月，任东北石油大学党委书记。兼任黑龙江省政治学会第六届理事会副会长、黑龙江省摄影家协会理事。

高校校园文化建设成果文库

校园文化建设理论探索与实践案例

李海红◎主编

光明日报出版社

图书在版编目（CIP）数据

校园文化建设理论探索与实践案例 / 李海红主编.
--北京：光明日报出版社，2018.4（2023.1重印）
ISBN 978－7－5194－4164－7

Ⅰ.①校… Ⅱ.①李… Ⅲ.①校园文化—建设—研究
Ⅳ.①G47

中国版本图书馆 CIP 数据核字（2018）第 081604 号

校园文化建设理论探索与实践案例
XIAOYUAN WENHUA JIANSHE LILUN TANSUO YU SHIJIAN ANLI

主　　编：李海红

责任编辑：曹美娜　朱　然　　　　责任校对：赵鸣鸣
封面设计：中联学林　　　　　　　责任印制：曹　净

出版发行：光明日报出版社
地　　址：北京市西城区永安路 106 号，100050
电　　话：010－67078251（咨询），63131930（邮购）
传　　真：010－67078227，67078255
网　　址：http：//book.gmw.cn
E－mail：gmrbcbs@gmw.cn
法律顾问：北京市兰台律师事务所龚柳方律师
印　　刷：三河市华东印刷有限公司
装　　订：三河市华东印刷有限公司
本书如有破损、缺页、装订错误，请与本社联系调换

开　　本：170mm×240mm
字　　数：270 千字　　　　　　　印　张：15.5
版　　次：2018 年 4 月第 1 版　　印　次：2023 年 1 月第 2 次印刷
书　　号：ISBN 978－7－5194－4164－7
定　　价：68.00 元

本书编委会

主　编：李海红

副主编：刘景顺

委　员：(按姓氏笔画)

王立斌　王振喜　王桂珍　历玉英

许丽娜　张　岱　张亚志　张智勇

苍留松　徐清亮

前　言

　　文化是民族的血脉，是民族凝聚力、创造力的集中体现和重要源泉。高校是优秀思想文化传承创新的重要载体和重要保证。在当前新时代背景下，从文化传承创新高度认识大学的使命，从理论上和实践上探索大学校园文化建设，对于提高人才培养质量、提升科学研究水平、拓展社会服务的深度和广度，有着重要的意义，有助于高校在更高层次上为提升国家文化软实力和中华文化的国际影响力贡献正能量。

　　2017年2月，中共中央、国务院印发了《关于加强和改进新形势下高校思想政治工作的意见》。《意见》强调指出，高校肩负着人才培养、科学研究、社会服务、文化传承创新、国际交流合作的重要使命。加强和改进高校思想政治工作，事关办什么样的大学、怎样办大学的根本问题，事关党对高校的领导，事关中国特色社会主义事业后继有人。作为高校思想政治工作的重要组成部分，加强和推进大学文化建设，充分发挥校园文化的功能作用，是一项重大的政治任务和战略工程。

　　大庆精神诞生于20世纪60年代初举世闻名的大庆石油会战，是中华民族精神的重要组成部分。无论过去、现在，还是将来，大庆精神都是激励人们奋进的不竭动力。大庆精神的内涵是：为国争光、为民族争气的爱国主义精神；独立自主、自力更生的艰苦创业精神；讲求科学、"三老四严"的科学求实精神；胸怀全局、为国分忧的奉献精神。概括地说就是"爱国、创业、求实、奉献"。

　　东北石油大学作为共和国第一所坐落在油田上的全国重点大学，是大庆精神的创造者、实践者和传承者。在20世纪60年代，艰难困苦的创业初期，东油人在大庆精神、铁人精神的感召、熏陶、激励下，凝练并践行着"严谨治学、艰苦创业"的校训，形成了"严谨、朴实、勤奋、创新"的校风，形成了"坚持用大庆精神办学育人"的鲜明特色，且把它作为东油人的优良传统传承弘扬、发扬光大，在近60年的办学实践中，引领并推动校园文化建设不断向纵深发展，从而在高校校园文化建设中具有独特的魅力。

本书共分为理论探索和实践案例两大部分。第一部分是从理论层面对校园文化建设进行深入探索，选取了有关校园文化建设的具有代表性的理论文章、研究成果、工作探讨、典型经验，共分为核心价值观教育、大庆精神教育与研究、思想政治教育、大学生诚信教育、心理健康教育、大学文化建设等六个方面内容。第二部分是从实践层面对校园文化建设作以案例分析，共分为"思想引领""科技创新""文化巡礼""文体艺术""志愿服务"五大主题板块，在五大主题板块中，针对每个案例，从"活动背景""组织实施及建设""活动目标与意义""工作经验及启示"四个方面进行资料整理，每个案例介绍翔实得当，方便读者阅读。

千年潮未落，风起再扬帆。乘着党的十九大东风，东北石油大学坚持以立德树人为根本，弘扬优良的校风校训，彰显"坚持用大庆精神办学育人"的鲜明特色，不断丰实大学文化底蕴，推动校园文化建设的创新和发展，拓展校园文化的内涵和外延，打造校园文化的典型和精品，提升大学文化软实力，引领莘莘学子在文明、和谐、向上的校园文化氛围中健康成长成才，为实现中华民族伟大复兴中国梦作出新的更大贡献！

李海红

2017 年 9 月 30 日

于黑龙江·大庆

目 录
CONTENTS

第一部分 01

校园文化建设理论探索

理论探索篇

　　校园文化活动是校园文化建设的重要体现,是育人的重要途径。本篇以弘扬大庆精神、铁人精神为主旋律,重点突出东北石油大学校园文化建设理论研究和实践探索。该篇章收录了一批东北石油大学在校园文化建设中具有代表性的经验材料、典型发言材料和优秀论文成果等,真实反映和记录了我校在开展校园文化建设过程中表现出来的理论水平和实践经验,见证了东北石油大学丰富多彩的校园文化活动。

核心价值观教育

高校大学生核心价值观问题研究

东北石油大学　苏丹

　　当前高校大学生正处在多元化文化背景中,面对更加错综复杂的社会现实和多重价值观念的碰撞,高校大学生主流仍然继续呈现积极向上的良好态势,但是在现实生活中的利益分化贫富差距扩大问题、个人期望与现实差距问题、社会公平与公正问题、就业问题等现实问题的影响下,大学生群体中出现了价值裂变、信仰缺失、理想信念淡化、道德行为失范、价值取向扭曲、精神空虚、社会责任感不强、心理素质欠佳等现象。消费主义、功利主义、实用主义在大学生中很有市场。说到底,产生这些种种问题的根源还是在于没有一个正确的核心价值观指导自己的行为,没有树立正确的信仰。为了适应新形势、新情况,突破高校教育的薄弱环节,应当采取一系列现实举措来改进和加强高校大学生核心价值观教育工作,开创大学生核心价值观建设的新局面。

一、理论学习

理论学习是构建高校大学生核心价值观的首要环节。理论是行动的指南,指引着思想的方向,不掌握科学的理论就不能保持清醒的头脑。事实上,很多时候恰恰是理论学习没有处理好,才很大程度上限制了核心价值观教育的全面推行。因此,大力改革课堂教学,贯彻理论学习,提高课堂教学效果,是构建大学生核心价值观中一项十分重要的内容。其中包括:

(一)马克思主义信仰教育

要坚持用马克思列宁主义、毛泽东思想、邓小平理论和习近平新时代中国特色社会主义思想作为大学生核心价值观教育理论学习的主要内容,深入开展党的基本路线、基本理论、基本纲领教育,进行革命时期、建设时期、改革开放时期的历史经验教育,深化我国国情和形势政策教育,使大学生充分认识到我国现阶段所处的历史方位,担负起自己的责任,拥护党的领导和坚持中国特色社会主义道路,实现中华民族伟大复兴的崇高理想。

(二)公民道德教育

目前,公民道德教育是大学生核心价值观教育理论学习中的重要内容,强化公民道德教育,要以道德信仰规范为基础,全面贯彻《公民道德建设实施纲要》,"以为人民服务为核心、以集体主义为原则、以诚实守信为重点,广泛开展社会公德、职业道德、家庭美德和个人品德教育,引导大学生自觉遵守爱国守法、明礼诚信、团结友善、勤俭自强、敬业奉献的基本道德规范。坚持知行统一,积极开展道德实践活动,把道德实践融入大学生学习生活中去。修订完善大学生行为准则,引导大学生从身边的事情做起,从具体的事情做起,着力培养良好的道德品质和文明行为。"[1]

(三)素质教育

素质教育是大学生核心价值观教育的核心内容,素质教育的目标是促进学生的全面发展,具体内容包括"加强民主法治教育,增强遵纪守法观念;加强人文素质和科学精神教育;加强集体主义和团结合作精神教育;加强心理健康教育等。通过开展素质教育,促进大学生思想道德素质、科学文化素质和健康素质协调发展,引导大学生勤于学习、善于创造、甘于奉献,成为有理想、有道德、有文化、有纪律的社会主义新人。"[2]素质教育不是孤立存在的,而是渗透在各个学科之中的,除思想政治理论课之外,其他学科教师也具有进行素质教育的责任。

核心价值观教育理论学习除内容之外,在教授的过程中还要注意既要坚持理论性和系统性,又纯思辨的理论思维,要把核心价值观教育理论内容和现实结合起来,以学生们身边熟悉的事物为切入点,用他们喜闻乐见的方式,引导他们对深刻的理论进行循序渐进的思考,这样才能达到满意的理论教学效果。

二、社会实践

社会实践是构建高校大学生核心价值观的重要环节。只有鲜活的东西,才能吸引人,让人感兴趣。要想进一步加深对核心价值观的认识,巩固和强化理论教育的成果,真正达到价值观念的内化,一条最重要的途径就是融核心价值观教育于社会实践中,让学生在社会实践中受到身临其境、潜移默化的感性教育。

首先,社会实践有助于提高大学生的思想道德修养。良好的思想道德修养是在多种社会因素的协调作用下,反复践行而成的。大学生通过参加社会实践活动,把道德规范内化为个体的意识,将个体意识外化为行为习惯,从而能够树立正确的价值观念,建构科学的信仰,形成良好的品格。其次,社会实践有助于促进大学生了解社会、了解国情。通过社会实践,大学生能够切身感受到我国处于并将长期处于社会主义初级阶段的国情,认识到本地区的实际情况和国家建设所面临的繁重任务,体会到创业的艰辛、竞争的残酷和生活的真谛,从而自觉地把自己的思想认识统一到党和国家的路线、方针、政策上来,坚定为国家发展贡献力量的决心。再次,社会实践有助于实现大学生核心价值观教育的社会化。在社会实践过程中,学生一方面可以把自己所学的理论知识与社会实际相比较,把抽象的理论知识逐渐转化为认识和解决实际问题的能力。另一方面,学生也可以将在社会实践中所积累的经验反馈到教育者那里,同样有利于核心价值观教育自身的改进与完善。社会实践可以帮助大学生避免核心价值观教育理论知识与现实的脱离,将两者有机地结合起来,实现主体全面发展。此外,社会实践有助于大学生正确认识自己,找到个人成长和社会发展的最佳结合点。通过社会实践,学生从中看到自己和社会需要之间的差距,看到自身知识和能力的不足,进而客观地重新认识自我、评价自我,找到个人成长和社会发展的最佳结合点。与此同时,还会产生一种紧迫感和危机感,促使他们能够反思自身出现的问题,不断地去提高自身素质和能力,以适应社会发展的需要。

大学生社会实践内容丰富,形式多样,主要途径有以下几种:

（一）专业实习

学校有计划地组织大学生到与学习专业相关的具体岗位进行实践,引导学生将理论知识与实际工作相结合,既深化对理论知识的理解,又加深学生对未来职业的感性认识,从而进一步激发学生努力学习专业知识、掌握专业技能、锻炼综合能力、培养职业兴趣。

（二）社会调查

引导大学生带着目的和问题深入社会生活,在考察过程中研究社会现象,分析社会问题,从而提高学生对社会和民众的关注度,培养其独立分析问题和解决问题的能力,增强其社会责任感。

（三）校园活动

校园里组织的各种校园活动也是大学生进行社会实践的重要平台。高校里经常会组织一些关于大学生思想动态调研、大学生素质拓展、大学生科技创新、大学生志愿者的实践活动,学生们可以通过这些活动来实现自己的角色定位和对校园环境的适应与优化,也可以促进他们服务观念、竞争意识、学习能力和领导才能的提升。

（四）勤工俭学

目前,许多高校设置了大量的学生勤工俭学岗位,大学生通过勤工俭学获得一定经济收入的同时,还提高了人际沟通能力和解决实际问题的能力,更重要的是,他们在劳动中培养了集体主义和敬业精神、自理能力和自强精神,从而更加珍惜劳动成果,珍惜学习机会。

（五）公益活动

社会公益活动,青年志愿者活动等是培养大学生奉献精神和服务意识的有效途径。比如,学生可以借助关心社会弱势群体的公益活动,为社会弱势群体呼吁,使他们得到更多的社会关注,为他们争取权利;还可以通过绿色环保活动为改善环境尽一份力,通过"三下乡"活动为基层人民群众提供文化、卫生、法律咨询等免费服务等。通过参加社会公益活动一方面可以部分解决群众的需要,另一方面还培养了大学生的仁爱精神。

三、典型引领

大学生思维活跃、思想开放,容易接受来自社会各层面的精神诱导,但又经常因为缺乏辨别力而陷入盲目性、自发性。因此，必须对大学生进行有效的、正面的精神引导。抽象的理论观点不易被理解，泛泛而谈的说教又难以留下深刻的印象。典型示范不同于一般的教育方法，它具有鲜明具体的直观性以及在感知上的冲击力，使一般的道理变得看得见摸得着，既生动又富有感染力，从而弥补了其他教育手段的不足。与此同时，榜样的力量是无穷的，青年大学生有很强的模仿能力和学习热情，典型榜样的树立能够使他们从中受到启发，提高认识，形成共鸣，激励他们按照典型的思想行为来规范自己。通过对先进典型的学习，不断克服自身的缺点，端正自己的态度，从而树立正确的信仰，自觉地走向崇高。

典型引领在具体工作中还应该注意几点：

一是树立的典型要真实，不能夸大其词。任意夸大典型的事迹和拔高典型的形象，会使人感到不真实可靠，宣扬这样的典型不但不会起到积极的引导作用，还会引起人们的怀疑和反感。"一切典型都应该是个性和共性的统一体，典型既能代表一般，又比一般突出。只有这样的典型，才能使学生普遍接受和认可，才能真正起到示范作用。"[3]

二是典型的树立要多样化。每个人都有自己的价值标准和人生理想，所以他们对榜样的选择也不是完全一致的。性别、爱好、思想素质等方面的差异，都是影响其选择的因素。多样化典型的树立，更加有利于青年学生进行多方面的选择比较，一旦与自己心目中的理想人格相契合，立即会激发模仿的冲动，掀起学习的热潮。

三是教育者还应该加强自身的典型引领作用。在学生成长的过程中，教师潜移默化的影响是不容忽视的。通常教师的人格力量能够给学生以极大的人生启迪。因此，高校思想教育工作者更要注重对自身核心价值观的培养，再以正确的价值观念去引导学生。

此外，在大力培养、宣传正面典型的同时，也要善于利用反面典型，发挥其威慑、劝阻与警示的作用。剖析反面典型，可以从中总结、吸取经验教训，引人深思，促人猛醒。在正面与反面的比较中，明确我们所要提倡的、肯定的思想和行为的正确性，并对我们所反对的、否定的错误思想和行为有所警惕，进行防范和抵制。因此，利用反面典型进行教育，不仅能有效抵制反面典型带来的消极影响，还能够从反面强化正面教育，使正面教育更鲜明，更有力。

四、群体互动

群体是构建高校大学生核心价值观的重要载体。群体对大学生自我发展有极大的促进作用。因为群体本身就是一个教育主体,不仅对群体中的每个个体成员有规范和要求,而且可以促进成员之间的交流与互动。同时,大学生的成长是一个参与的过程、一个社会化的过程。身处集体的个体之间通过互相帮助、相互感染,可以共享成长和进步的快乐。此外,从影响力以及示范效果来看,在信仰教育中主流媒体树立的典型人物事迹,由于与大学生所处的环境差异较大,所以难以产生认同感,更谈不上践行。但如果起示范作用的群体就在大学生身边,学习的榜样、事业的榜样、爱心的榜样就在与之朝夕相处的同学中、老师中,是与他们一样的凡人而不是遥不可及的圣人,那么认同性将会最大限度转化为参与性。

群体互动可以通过班级活动、社团活动等具体形式发挥其感染作用。根据大学生的特点,有计划地在班级开展核心价值观教育活动,充分引导学生进行自我教育,让每一次的活动都能给学生以全新的体会。每一次核心价值观教育活动由学生自发组织,投身参与,这样不仅锻炼了学生的组织协调能力,也培养了其交往能力和沟通能力,在潜移默化中实现核心价值观教育之自我教育的良好形势。学生在这些活动中能充分地展示自我,最终达到认识自我和明辨是非的目的。目前高校中有不少社团组织,它们给大学校园文化生活涂上了亮丽的色彩的同时,在创建校园精神文明建设、培养创新精神与实践能力、拓展学生综合素质方面发挥的作用越来越突出,加强社团建设正成为拓展高校核心价值观教育空间的有效途径,也是高校育人工作的重要组成部分。要进一步提高社团活动的质量,吸引越来越多的学生关注乃至积极参与,使大学生的社团活动真正起到思想教育的作用。

参考文献:

[1]武敬杰:《当代大学生道德信仰教育研究》,吉林大学学位论文,2008 年。

[2]周长春:《新形势下大学生思想政治教育探索》,北京工业大学出版社 2005 年版。

[3]刘基:《高校思想政治教育论》,中国社会科学出版社 2006 年版。

在大学生中培育和践行社会主义核心价值观

东北石油大学学生工作部　杨盛奎

用社会主义核心价值观培育大学生思想是高校根本任务之一。如何结合现阶段大学生的实际状况、大学生的思想特点,把教育活动贯穿于学生教育管理的全过程,成为今后高校德育工作努力的方向。

一、抓住机遇,趁热打铁,加强正面教育

党的十八大以来,中央高度重视培育和践行社会主义核心价值观,十八届三中全会通过《中共中央关于全面深化改革若干重大问题的决定》和中央《关于培育和践行社会主义核心价值观的意见》又赋予立德树人以深刻理论内涵和全新的时代要求。《决定》指出,深化教育领域综合改革,把社会主义核心价值体系作为兴邦立国之魂,把立德树人作为教育的根本任务。各高校也抓住时机,积极开展学习和宣传活动。各高校相继下发了在大学生中全面学习党的十八大精神的通知、学习习近平总书记的系列重要讲话精神等,对大学生的理论学习做出详细的要求和部署,使学生班级、团支部、党支部全面动起来,认真学习,把握精神要义。

以我校为例,近两年来,我校学生工作部门相继开展了"守好意识形态阵地培育核心价值观"主题教育、"爱国情·强国志·报国行"主题教育、"中国梦"主题教育、学习十八大精神主题教育、学习十八届三中全会精神主题教育、"强化自身素质,勇于承担责任,为'东油梦'作贡献"为主题的大讨论活动、新生入学教育、大庆精神教育、毕业生离校教育等,采取形式生动活泼、渠道广泛深入的主题教育,强化了对学生进行理想信念教育的效果。

各高校开展教育的方式方法各有不同,有的聘请专家学者给学生的学习作出指导,有的结合学习内容开展讨论会、演讲、征文等活动,使学生们进一步领会了教育活动的目的意义。

高校还应充分发挥党团校教育阵地的教育引导作用。从新生入学教育开始，把对新生的入党启蒙教育列为重点，包括理想信念教育、入党启蒙教育、高年级党员朋辈教育、支部书记谈心活动等等，努力提高学生的思想认识。

二、创建载体，强化效果，在践行上下功夫

大学生的社会主义核心价值观教育离不开有效的载体，高校应开展一系列操作简单、多而不繁的精品活动，丰富学生的课余文化生活，引领学生发展方向，使学校思想政治教育真正发挥作用。活动方式上，主要通过开展社会主义核心价值观解读、讨论、实践等方式，引导学生参加丰富多彩的校园文化和社会实践活动，使学生愿意参加、敢参加，增强大学生学习党的理论和路线方针政策的兴趣。高校还要充分利用清明节、中秋节等传统节日，利用"五四""七一"等重要节日，利用"七七事变""九一八事变"等重要事件和重要人物事迹，根据不同节日的特点，组织开展主题教育活动。通过这些主题教育活动，引导大学生树立坚定的政治理想，树立远大目标，科学规划，养成敬业奉献、诚实守信的道德品质。

三、着眼新媒体，多种方式联动，拓展教育的效果

在当前手机和网络普及的情况下，大学生对国内外的局势相当关注，因此，高校开展社会主义核心价值观宣传教育时可以通过网络这个学生容易接受的载体，紧扣青年大学生关注的国际国内、校内校外热点问题展开工作，做到结合实际、实事求是，注重引导，让他们的满腔热情化为实际行动。高校可通过建设专门的思想政治教育网站，开办网上团校、理论学习园地、名人事迹、时事热点等栏目，将党的基本路线和政策等理论在网上发布，邀请专家学者解读国际和国内热点时事，开展以网络为载体的知识竞赛、学术论坛、征文比赛，扩大思想政治教育的辐射面，增加针对性和实效性。在工作中，为了取得活动实效，高校要占领网络阵地，利用网站、QQ、微博、微信平台，广泛宣传社会主义核心价值观。通过网络这个载体，社会主义核心价值观进入大学生的头脑，占据大学生的心灵，理论武装的效果也更持久，会取得很好的教育效果。

通过一系列的举措，高校要形成培育和践行社会主义核心价值观的良好氛围，将培育和践行社会主义核心价值观与德育工作紧密结合起来，创新工作思路和形式，创建新的教育载体和平台，努力提高大学生的人文素养，坚定理想信念，努力成为社会主义建设事业的合格接班人。

强化师德宣传教育　引导教师践行核心价值观

——在 2016 年全省高校宣传部长会议上的发言

东北石油大学党委宣传部部长　张智勇

东北石油大学坚持把强化师德师风宣传教育作为引导广大教师践行社会主义核心价值观的重要抓手,通过思想引领、舆论引导、典型引路,让"爱国、敬业、诚信、友善"成为所有教师在个人师德修养上的新参照,引导广大教师争做"有理想信念、有道德情操、有扎实学识、有仁爱之心"的"四有"好教师,真正把社会主义核心价值观的理念内化于心、外化于行。主要做法是:

一、注重培养,严格规范,全方位加强师德思想引领

东北石油大学十分重视对教师理想信念的培养、师德规范的养成,不断强化思想引领。

一是以"三大课堂"为依托,增强教师职业道德责任感。学校积极推进"理论辅导课堂、'两微'学习课堂、实践锻炼课堂"三大课堂理论学习体系建设。以"东油大讲堂"为平台,邀请中国社会科学院杨海蛟研究员等专家学者来校做专题辅导;以"书记讲党课"为契机,把师德师风教育纳入讲授专题,各级党的书记先后为教师讲授党课 20 余场次;利用"东北石油大学"微信微博拓展"两微"课堂,充分发挥微博微信受众广、传播快、影响大的特点,在学校官方微信微博公众平台上制作师德师风专题栏目 2 个,推送相关文章 38 篇;以"红色教育基地"为重点丰富实践课堂,引导各二级党组织积极开展实践教育活动,先后组织教师 500 多人次前往大庆铁人纪念馆、1205 钻井队以及井冈山、延安等"红色教育基地"参观学习,接受爱国主义教育。通过学习教育,进一步增强了广大教师立德树人、教书育人的光荣感、责任感和使命感。

二是以制度法规为抓手,增强教师养德守德自觉性。注重将《高等教育法》

《教师法》《高等学校教师职业道德规范》及《东北石油大学师德建设长效管理办法》等与师德相关的制度法规,作为全校每学期政治理论学习指导计划的重要内容;注重利用校内媒体等宣传阵地,大力宣传教育部"红七条"等师德要求。通过制度法规的学习宣传,强化了教师的政治底线、法律底线、道德底线意识,强化了"学术研究无禁区、课堂讲授有纪律"的意识,强化了"不传播、散布违法有害观点,不诽谤、抹黑党的领导和社会主义制度,不宣泄、传导个人怨气和负面情绪"的意识,让师德规范成为全校教师普遍认同和自觉践行的行为准则。

二、凝聚共识,营造氛围,多层次加强师德舆论引导

东北石油大学通过讨论座谈、专题研讨、主题活动等多种形式,统一师德共识,提高师风认识,引导广大教师热爱教育事业,自觉养师德、铸师魂、树师表。

一是组织了"让师德在弘扬社会主义核心价值观中璀璨"主题研讨会。学校党委书记杨晓龙与30多位教师代表共同学习了习近平总书记关于师德师风建设方面的重要论述,回忆了我校"三宝""九风"的优良作风,与教师代表一起研讨了"艰苦创业、严谨治学"校训和"严谨、朴实、勤奋、创新"校风与社会主义核心价值观的内在联系。这次研讨带动了全校的学习研讨活动的开展,引导广大教师形成了"把师德师风建设作为践行社会主义核心价值观落脚点"的共识。

二是策划了"师德师风大家谈"主题宣传活动。通过专题约稿、个别访谈等方式,邀请教师先进典型代表、退休老教师代表、青年教师代表、管理干部代表、学生代表,从不同角度畅谈对师德的理解与认识,在校园网、校报、学校官方微信平台等全媒体刊发专稿九篇,在全校师生中引发广泛共鸣,广大教师在参与讨论的过程中,进一步提高了政治意识、大局意识和责任意识。

三是深化了"文化修身工程"主题活动。以贯彻落实《关于进一步加强和改进新形势下高校宣传思想工作的意见》为契机,以师德师风教育为重点,策划了"与书为友,悦读人生"主题读书活动,将2012年启动的青年教师"文化修身工程"继续引向深入。先后开展了"名师讲坛""与书同行·阅美人生"荐书活动、"书香满园,读书成长"师生辩论和演讲比赛、"中国梦、续英魂"师生读书征文、"一站到底"师生阅读知识大比拼、"我读我讲我分享"读书心得交流会等一系列活动,马克思主义学院等还创建了"爱智慧"教师读书沙龙、"教师哲学下午茶"等特色活动品牌。通过引导广大教师"多读书、读好书",浓厚了文明修身、涵养师德的校园文化氛围。

三、挖掘亮点,选树榜样,多维度加强师德典型引路

东北石油大学高度重视榜样的力量,以典型引路,以先进的事迹熏陶人、感染人、影响人。

一是开展了"寻找身边的感动"主题征集活动。以贴地气的方式,发动在校学生用自己的眼睛从细微之处、从点滴小事中,发现"立德树人"的人物线索,捕捉令人感动的美丽瞬间。目前,"寻找身边的感动"品牌活动已集中开展两期,征集各类文章、摄影等作品数百篇,其中精选出的20多篇在校内媒体上刊发。用鲜活的方式和清新的文风,让广大教师认识到言行举止见师德,不经意间有感动。

二是开展了"道德模范先进典型宣传"活动。广泛宣传国家和省,尤其是教育系统和我校的道德模范先进典型,承办了"黑龙江省英模先进事迹报告会",号召全校师生向黑龙江省英模学习。制作了"善行义举榜"专题宣传栏,深入宣传在各级道德模范评选活动中我校教师获奖者的先进事迹,用他们的鲜活事迹,为广大师生树立以社会主义核心价值观立足校园的精神坐标。

三是开展了"优秀青年人才事迹系列展播"活动。在学校新闻网、微信平台、《东北石油大学报》上开设了典型宣传专栏,推出了"聚力促跨越、青春展风采"和"优秀青年人才事迹系列展播"专题活动,对在师德师风建设、专业技术领域崭露头角的七名优秀青年教师进行了重点宣传,为广大教师尤其是青年教师树立了"严谨笃学、敬业奉献"的师德榜样。

现在,东北石油大学已形成了浓郁的师德文化氛围,广大教师带头践行社会主义核心价值观,立德树人的政治责任感不断增强,打造了一支信念坚定、师德高尚、爱岗敬业的教师队伍,涌现出了以"全国优秀教师"颜冰、"黑龙江省高校教师年度人物"付晓飞及大庆市道德模范付光杰等为代表的一批师德先进典型。

大庆精神与当代大学生思想政治教育研究

东北石油大学　谷霞　历玉英　张晓霞

一、引言

为了改变我国石油工业的落后面貌,在 20 世纪 60 年代初,石油工人王进喜率领 1205 钻井队,到大庆参加石油大会战。当时的条件极其艰苦,没有房住,就挖地窨子建干打垒;没有粮食,就挖野菜充饥,建立家属生产队开荒种地;没有衣服,就建立职工家属缝补厂;井队搬迁,没有机械设备就人拉肩扛;打井开钻时没有水,王进喜和大家用脸盆端来几十吨水,保证了大庆会战的第一口井提前开钻,打出原油;发生井喷时,他就跳进泥浆池,用身体搅拌泥浆压井喷。以王进喜为代表的石油工人为我国的石油事业作出重大贡献。"铁人"是社会送给王进喜的雅号,"铁人精神"是对王进喜的崇高思想、优秀品德的高度概括。铁人精神内涵丰富,主要包括"为祖国分忧、为民族争气"的爱国主义精神;"宁肯少活二十年,拼命也要拿下大油田"的忘我拼搏精神;"有条件要上,没有条件创造条件也要上"的艰苦奋斗精神;为革命"练一身硬功夫、真本事"的科学求实精神。"铁人精神"是大庆精神的人格化和典型化,大庆精神概括为——"爱国、创业、求实、奉献"。在大庆的石油会战期间,油田党委教育和引导广大油田职工发扬爱国主义精神、艰苦创业精神、科学求实精神和无私献身精神,为了我国的石油事业,战胜生活、工作和条件上的困难,取得了石油大会战的胜利。大庆精神是中华民族精神的重要组成部分,对当代大学生进行大庆精神教育,弘扬和传承大庆精神,是对大学生思想政治教育的一个行之有效的方法。

二、当代大学生思想政治教育的重要性

大庆精神经历了几代石油人不断地丰富和完善,形成了一套完整的理论体系,成了民族的瑰宝、成了中华民族精神的重要组成部分。高校作为培养人才的重要阵地,肩负着为国家培养人才的重任,将大庆精神广泛的传扬,将大庆精神教育融入高等教育和大学校园文化建设中,具有极其重要的意义。

一是,大学生是民族的希望,祖国的未来,是先进文化的传承者,先进技术的掌握者,肩负着国家建设和推动社会进步的重任,加强大学生思想政治教育,提高他们的思想政治素质,把他们培养成社会主义事业的建设者和接班人,是我国实施科教兴国和人才强国战略的需要。[1]

二是,新时期大学生面临各种机遇的同时,还面临着严峻挑战,容易受一些社会不良风气的影响,受西方文化思潮和价值观念的冲击,大学生处于价值观形成的关键节点,他们的思想觉悟先进与否,政治信仰是否正确,理想信念是否坚定,决定着国家的未来和命运,对大学生进行大庆精神教育,有利于帮助他们树立正确的世界观、人生观和价值观。

三是,大学生是创造财富的先进群体,他们头脑敏锐,具有创新精神,具备创造能力,是引领社会前进的先行军,理应具备正确的政治方向和高尚的道德品质。高校对大学生进行大庆精神教育,帮助他们健康成长,是进行大学生思想政治教育的有效方法,大学生思想政治教育关系到中国特色社会主义事业的兴衰成败。

三、当代大学生应该具备的素质

大庆精神是石油会战时期形成的宝贵精神财富,大学生要继承和弘扬大庆精神,对当代大学生进行大庆精神教育,需要大学生具备以下素质:

(一)要坚定政治信仰

大学生容易受经济全球化、信息网络化、政治民主化等各种因素的影响,尤其受西方发达国家经济发展较快的巨大冲击,许多大学生对坚持中国特色的社会主义道路和社会主义理论不信任,产生动摇思想。马克思主义政治信仰是建立在实践的基础上,与我国具体实际相结合的,我国走中国特色社会主义道路是符合中国国情并且符合历史发展规律。

(二)要树立远大理想

人生理想是指人们在实践中形成的具有现实可能性的对未来的美好向往和追求。[2]大学生处在复杂的社会环境,容易受社会上一些不良风气的影响,崇尚金

钱的错误思想使部分大学生失去了人生目标。当代大学生要不断提高个人素质,树立远大的理想,肩负起建设祖国的重任。

（三）要不断加强学习

当代大学生作为社会的主人,要推动社会进步和发展,就必须要掌握先进的知识和技术,学生应该把学习当成最根本任务,要善于学习,利用一切时间去学习,学会理论联系实际,让自己的内心形成一股动力,使自己成为一个有理想、有抱负和有能力的人。

（四）要有奉献精神

践行大庆精神和铁人精神,要将铁人的无私奉献精神传承下去,就要求大学生在平时的工作和学习中,关心他人、与人为善、知道付出、懂得奉献。弘扬奉献精神,就要抛开个人的利益,将国家的利益置于个人的利益之上。

（五）要敢于担当责任

当代大学生要肩负实现国家富强、民族振兴、人民幸福的重任,就要敢于承载责任和担当历史使命。在新的历史时期,要不断提高个人的能力素质,努力践行社会主义核心价值观,在困难面前敢于迎难而上。

四、将大庆精神教育融入当代大学生思想政治教育之中

结合大学生实际情况,从三个方面研究,将大庆精神教育融入大学生的思想政治教育之中。

一是利用网络平台,对当代大学生进行思想政治教育,帮助当代大学生树立远大理想。当今的时代是网络的时代,利用新媒体,向大学生传递正能量。通过建立微信平台开展大学生思想政治教育工作,是较好的传播途径之一。大庆精神、铁人精神是党的思想政治工作的优良传统,利用微信平台向当代大学生宣传党的路线方针政策、大庆精神、铁人精神,发扬大学生的艰苦奋斗、忘我拼搏精神,激发大学生的爱国热情,保证大学生的健康成长。网络平台对大学生思想政治教育让发挥着重要作用,让新媒体成为大学生思想政治教育的一个网络阵地。

二是发挥老师的作用,服务全体学生,帮助学生解决实际问题。大庆精神是在毛泽东"人民群众是社会价值的创造主体""全心全意为人民服务""坚持走群众路线"思想的引导下形成的以实践为基础的理论体系。[3] 为了将大庆精神更好的传承和发扬,建立教师与学生联系班制度,让教师成为大学生的人生导师,切实做到为大学生服务。带领大学生参观铁人纪念馆和油田教育基地,并对铁人事迹进行宣讲,让大学生亲身感受铁人的奉献精神,用实际行动践行大庆精神。建立联系班制度旨在让教师指导班级工作并为学生服务,大学生在成长过程中遇到的学习、生活和心理等方面问题,都可以向老师寻求帮助,老师尽最大努力帮助学生解决实际问题,促进大学生健康成长。

三是走进学生生活,拉近老师和学生的距离,为学生排忧解惑。领导机关干部为基层服务,扎根基层,服务基层,干部深入基层,与工人同吃、同住、同劳动是大庆会战时期形成的优良传统。在毕业生中召开"毕业生离校前座谈会",让毕业生把爱留在母校,把好的建议和意见留下;在寒暑假开展"访问家长和学生活动",通过家访、电话、QQ、座谈会等多种途径进行调研,"零距离"地拉近学生和家长,全面深入地了解学生的思想状况、家庭环境、人生追求、生活需要、人生困境。通过交流与沟通,让家长更加了解自己的子女,老师与学生的关系更加融洽,联系更加紧密,感情更加深厚。通过此项工作,大学生思想政治教育队伍深刻反思"学生需要我做什么,我应该为学生做什么",进一步为学生排忧解惑,切实做到解决学生思想上存在的问题。

五、大庆精神教育收到的成效

对当代大学生进行大庆精神教育,关注大学生成长和成才,有利于提高大学生的综合素质。

一是有利于推动学风建设工作。通过关注学生的学习、关注大学生的生活和关注大学生成长,不断的传播和弘扬大庆精神,大学生接受爱国主义精神、艰苦创业精神、科学求实精神、无私奉献精神教育,使大学生的综合素质得到提高,增强了大学生的责任感和使命感,他们有了更高的学习目标,在全校形成了较好的学习氛围,学风、考风纪律得到加强,对学风建设工作起到了推动作用。

二是有利于大学生成长成才。通过对大学生进行大庆精神教育,帮助大学生树立正确的世界观、人生观和价值观,大学生受到石油会战时期老一辈优良传统的熏陶,接受忘我拼搏精神、艰苦奋斗精神、无私奉献精神教育,成为大庆精神传承者和继承者。对大学生进行大庆精神教育,有利于大学生的成长成才。

三是实现大学生安全离校,保证校园稳定。大学生思想政治教育队伍通过下基层活动,在毕业生离校前召开座谈会和寒暑假访问家长和学生,走到大学生身边,倾听大学生的声音,真正为大学生解决问题。通过这样一些细致到位的工作,拉近了老师和学生的距离,学生的问题得到解决,实现了毕业生安全离校,保证校园内的稳定。

　　将大庆精神教育融入当代大学生政治思想教育和高校校园文化建设当中,使得大学生对大庆精神学习、理解和认识更加深刻,激发当代大学生承担社会责任的信心和力量,大大提升当代大学生学习的积极性。大庆精神无论是过去、现在、还是将来,都是鼓舞人们不断进步的精神动力,对当代大学生思想政治教育起着重要的推动的作用,帮助大学生树立正确的世界观、人生观和价值观,大庆精神教育具有独特的魅力。

参考文献

　　[1]中共中央国务院:《关于进一步加强和改进大学生思想政治教育的意见》(中发〔2004〕16号文件),2004年10月14日。

　　[2]张孝宜:《人生观通论》,高等教育出版社2005年版。

　　[3]曾婷:《铁人精神对当代大学生思想政治教育中的价值研究》,湖南农业大学学位论文,2013年。

大庆精神的思想政治教育价值初探

东北石油大学马克思主义学院　刘宏凯

2009 年,习近平同志在大庆油田发现50 周年庆祝大会上指出,在大庆油田开发建设的艰苦环境和激情岁月里形成的以"爱国、创业、求实、奉献"为主要内涵的大庆精神、铁人精神,集中体现了我国工人阶级的崇高品质和精神风貌,永远是激励中国人民不畏艰难、勇往直前的宝贵精神财富。

近期,中共中央办公厅、国务院办公厅印发了《关于进一步加强和改进新形势下高校宣传思想工作的意见》。《意见》里明确指出,意识形态工作是党和国家一项极端重要的工作,高校作为意识形态工作前沿阵地,肩负着学习研究宣传马克思主义,培育和弘扬社会主义核心价值观,为实现中华民族伟大复兴的中国梦提供人才保障和智力支持的重要任务。

一、大庆精神的时代内涵

在中国特色社会主义建设实践的推动下,大庆精神在"爱国、创业、求实、奉献"的基础上随着实践不断的丰富和发展,新时期表现为"发展、创新、创业、科学、人本"等精神内涵。

2009 年3 月,中共黑龙江省委在《关于新时期深入学习和弘扬大庆精神的决定》中指出:"在改革开放和建设中国特色社会主义的伟大实践中,大庆精神不断丰富发展,充分体现出科学发展、改革创新、勇创新业、科学理性、以人为本等时代精神内涵。"

大庆精神蕴涵着马克思主义崇高信仰和坚定的社会主义、共产主义理想。大庆精神是祖国陷入困境之时发出的奋发图强的呐喊,是国家处于艰难之时高高举起的建设祖国的一面旗帜。大庆精神是中国人民战胜外部封锁,克服自然灾害、推进社会主义建设的宝贵精神财富,也是中国共产党保持先进性,提高党的执政能力、执政水平、完成执政使命的思想基础和精神条件。

大庆精神突显出来的时代内涵就是不断地进行自我创新与超越。大庆精神表现出了对民族生存、国家前途及人自身价值的深切关注,是领悟生存智慧以及符合中国社会文明进步的价值观念。总之,大庆精神在市场经济快速发展、价值取向多元多变的当今社会,仍然富有现实的教育意义。

弘扬大庆精神,丰富大庆精神的时代内涵,不断创新,当代大学生才能成为市场经济大潮的先锋号,而不会成为功利主义者和拜金主义者,也不会将个人主义与利己主义等思想奉为圭臬。

二、弘扬大庆精神对加强大学生思想教育的作用

（一）大庆精神为大学生的学习生活提供了不竭的精神动力

在思想主流上,当代大学生还是奋发图强、积极进取的,但是不可否认不少人或多或少存在信念缺失、精神迷茫,对未来充满彷徨,没有意识到自己肩负的重担,浪费了青春,每天浑浑噩噩,贪图享乐,导致走出校门不能适应社会激烈的竞争局面。大庆精神以其"强烈的发展意识、自觉的创新精神、旺盛的创业激情、现代的科学理性、先进的人本理念"等时代内涵,能够把人的活力、激情、信念融合成一股力量,其对理想信念的崇高追求、对科学事业的坚定信仰、对伟大祖国的无私奉献,深刻影响了新中国几代人,为新中国建设提供了源源不断的精神动力。大庆精神其具有的内在驱动力加强了学生的集体荣誉感,同时也是对现阶段创业精神的经典诠释。

（二）大庆精神有助于大学生树立正确人生观和世界观

在当今时代,部分大学生缺少了坚定理想和奋斗目标的指引,迷失在人生的十字路口,苦闷、迷惘、彷徨。大庆精神中所蕴含的奋斗不止、拼搏创新的积极人生态度,可以净化大学生的灵魂,鼓励学生以中华民族的伟大复兴为目标,自强不息,共铸"中国梦",坚定以爱国主义为核心的民族精神和以改革创新为核心的时代精神以此来鼓舞斗志,使青年学生充分意识到,人生的价值和意义最重要的部分就在于承担起责任并为社会作出贡献。同时,大庆精神以不计名利,不计报酬,埋头苦干的"老黄牛"精神,为当代大学生提供了坚实的信仰取向、正确的价值观念。"大庆精神"中传承的革命理想高于天、国家利益高于一切的价值观,独立自主、自力更生和艰苦创业的人生态度,为民族分忧、为祖国奉献争光的民族主义和爱国主义精神,实事求是、"三老四严"的求实精神,都为促进大学生人格转化与转型提供了的坚实理论基础和思想动力。

（三）大庆精神有助于促进大学生的民族精神教育和德育教育

大庆精神是通过民族精神的滋养逐步形成的，"为国争光、为民族争气的爱国主义精神；独立自主、自力更生的艰苦创业精神；讲求科学、'三老四严'的求实精神；胸怀大局、为国分忧的奉献精神"是大庆精神的基本内涵，概括来说就是"爱国、创业、求实、奉献"。大庆石油人正是靠传承"三老四严""四个一样"的优良传统，通过科学求实的态度和严细认真的作风，创造了不平凡的业绩，使"大庆""铁人"的品牌驰名海内外。把大庆精神、铁人精神与民族精神相互激荡、相互砥砺，通过提高高等院校德育教育的针对性与实效性，将大庆精神、铁人精神作为大学生新时期艰苦奋斗的内在动力，使其成为大学生心灵世界的精神支柱。

三、实现大庆精神思想政治教育价值的途径

坚持将大庆精神与德育课程开发相结合，让大庆精神走入思想政治教育课堂，进入学生校园活动，融入青年社会实践，充分发挥高等院校这一教育主阵地和前沿的作用，传承并且继续发扬石油会战的优良传统，进一步提高青年学生思想政治教育工作的有效途径。

（一）利用大庆精神学习氛围，改革教学手段

改变目前高校思想政治理论课实施的"灌输法"，要真正了解和掌握当代学生的价值需求，了解他们课堂想听什么，了解学生思想问题的症结在何处。在教学手段上，除了以多媒体教学为载体，以教师讲授结合课堂提问，辅以案例教学的传统方式，还可以通过课堂讨论、小组辩论等多种方法调动学生积极性。要充分调动以思想政治理论课堂教学为主的全方位式教学活动，如阅读文献、自主学习讨论、师生对话互动研讨、组建政治理论学习兴趣小组等。这样不仅能够活跃思想政治理论课堂的教学气氛，给学生思考启迪，又能力争达到政治理论的大众化。此外，要深化高校思想政治教育教学改革，必须大力推动大学生理想信念教育，提高大学生对理想信念的认同感和对理想的正确定位，促进学生健康成长。

（二）利用大庆精神教育基地，开展实践育人活动

除了课堂上的理论讲解，还可以到实地去参观访问王进喜铁人纪念馆等大庆精神教育实践基地，实现课内教育与课外教育相结合。让大学生在"切身体会"中加深理解、在"身临其境"中接受教育。组织学生开展社会实践、访问调查、勤工俭学等多种多样、丰富多彩的实践活动来体会大庆精神，用鲜活的事例和真实视觉感官来教育激励学生，鼓舞学生斗志，唤醒学生们内心深处的时代精神，让学生在

实践中发现问题并进行独立地思考,激发学生的创造性思维。通过开展以"爱国、创业、求实、奉献"为核心的实践教育活动,让学生们接受实践的磨砺,接受实践的洗礼,将大庆精神和铁人精神内化于心,激发学生立志刻苦学习,努力钻研科学知识,培养学生爱国主义品格,坚定了学生早日成为合格的社会主义事业接班人的信念。

(三)利用大庆精神教育,推进石油类高校校园文化建设

学校是传播大庆精神和铁人精神的前沿阵地和重要媒介,任务艰巨,使命重大。石油类高校要充分利用大庆精神、铁人精神这些宝贵资源,通过合理规划、统筹安排,将其纳入到校园文化建设中来。充分利用内部网络、校园广播、内部刊物、板报等形式,为大庆精神提供新渠道和广阔平台,在宣传栏介绍石油会战时期的革命事迹。把大庆精神、铁人精神融入办学思想、办学理念和办学特色中,使之成为广大师生共同的价值观和信仰追求,成为其石油类大学精神的核心。

高等院校要把握社会主义先进文化的发展方向,积极探索大庆精神和铁人精神的理论渊源,进一步分析其理论的科学内涵,建立大庆精神和铁人精神的研究教育基地,大力发挥大庆精神以及铁人精神的时代价值。

总之,大庆精神在市场经济与价值多元的当今社会,仍然具有积极的教育意义。通过将历史与现实有机结合的方式加强高校大学生的思想政治工作,大力弘扬大庆精神,鼓励当代大学生树立远大理想、坚定信念,将全心全意为人民服务作为宗旨,在改革开放和市场经济的大潮中大显身手,不错过历史和时代赋予我们的良机,实现人生出彩,实现与祖国一起成长进步。

参考文献

[1]韩巍:《弘扬"大庆精神"开展大学生思想政治教育工作》,载《价值工程》,2011年第23期。

[2]冷翠玲:《大庆精神的时代内涵和时代价值探究》,载《大庆社会科学》,2012年第1期。

[3]刘晓华、邵红侠:《大庆精神在高校思想政治教育中的实效性研究》,载《黑龙江高教研究》,2011年第7期。

[4]艾连北:《论大庆精神与大学生思想政治教育》,载《思想政治教育研究》,2011年第5期。

大庆精神与马克思主义大众化探析

东北石油大学大庆精神研究中心　刘宏凯　李晶晶

一、大庆精神与马克思主义大众化的内涵

（一）大庆精神的内涵

历经几十余载的艰苦卓绝的石油大会战中孕育形成的大庆精神,是广大石油工人意识、精神、文化的积淀,是石油工人的精气和灵魂,是具有时代特点的民族精神。1981 年,党中央第 47 号文件将大庆精神的内涵定义为:"爱国、创业、求实、献身"。1990 年,江泽民同志到大庆视察,进一步肯定了大庆精神,并将"献身"改为"奉献"。自此,大庆精神的表述固定下来,即:"爱国、创业、求实、奉献"。对大庆精神基本内涵的阐释为:"爱国"即"为国争光、为民族争气的爱国主义精神"是大庆精神的核心。老一辈石油工人凭着这个精神,这股志气,以高速度拿下了高水平的大油田,开辟了新中国石油工业的新局面;"创业"即"独立自主、自力更生的艰苦创业精神",新中国就是靠着这种精神,使石油会战大军克服了许许多多意想不到的困难,赢得了大庆石油会战的胜利;"求实"即"讲究科学、'三老四严'的求实精神",石油工人将严谨的科学态度和高度自觉的革命精神相结合,形成了他们的倔强不屈性格;"奉献"即"胸怀全局、为国分忧的奉献精神",这是石油工人对祖国最深沉的爱,正因为这份爱,石油人顾全大局,勇挑重担,以拳拳的赤子心表达着对祖国的"奉献"。大庆精神是中国石油人的精神支柱,是中华民族精神的重要组成部分,是社会主义核心价值体系的重要体现,蕴含着石油人对马克思主义坚定的信仰及对实现共产主义的决心。

（二）马克思主义大众化的内涵

推进马克思主义大众化是当代中国的一项重大的时代任务。马克思主义大众化是将马克思主义基本原理由抽象到具体、由深奥到通俗、由被少数人理解和

掌握到被广大群众所理解和掌握的过程,是马克思主义基本原理由理论化逐渐变为生活化的过程。马克思主义大众化是广大人民群众对马克思主义理论的理解、认知、信仰的过程,意味着作为理论体系的马克思主义逐渐被人民大众所理解和掌握,并最终成为人民认识世界、改造世界的理论武器,是全国人民团结奋斗、建设中国特色社会主义的思想基础。马克思主义大众化包括三个方面:理论大众化、实践大众化和创新大众化。理论大众化是实践大众化和创新大众化的基础和前提,实践大众化是理论大众化有无成效的直接体现,创新大众化是马克思主义大众化的最高境界。时代在发展,社会在进步,马克思主义理论必然要与时俱进,只有通过不断的理论创新,才能更好地指导社会实践。社会实践的主体是人民群众,只有在人民大众的实践中才能推进当代中国马克思主义大众化,才能使马克思主义转化为广大人民群众的理想信念和目标追求,才能不断地汲取营养、汲取智慧、汲取力量,丰富和发展马克思主义。

二、大庆精神与马克思主义大众化的关系

(一)大庆精神与马克思主义大众化具有一致的核心内容

新中国成立至今,我国石油工业继承和发扬中国共产党的优良传统,学习人民解放军的建军经验,把马克思主义理论运用到社会主义工业建设的实践中来,形成了具有时代特征的、反映石油工业特点的大庆精神。大庆精神集中体现了中共党人的世界观和价值观,是中共党人为国分忧、艰苦创业、勇于探索、为祖国为人民全心奉献的真实体现,是我国摆脱"贫油论",取得石油会战胜利,推动社会主义建设和改革的力量之源。石油工人在党的领导下,坚持把马克思主义基本原理同石油实践相结合,用热血和生命铸就精神力量。大庆精神的核心价值就是坚信在中国共产党领导下,我们的社会主义现代化建设事业一定会走向胜利的理想和信念。坚定的信念,是石油工人战胜一切困难的源泉,是激励人民开创事业、奋勇前进的思想保证。马克思主义大众化的核心要求就是始终坚持马克思主义的指导地位,坚持与中国建设和改革的具体实际相结合,坚定不移地走中国特色社会主义道路,用中国特色社会主义理论体系武装全党、教育全民。在改革开放30多年中,中国共产党最重要经验就是坚持以马克思主义为指导,形成了中国化的马克思主义。大庆精神与马克思主义大众化在核心内容上是一致的,即坚持马克思主义的指导地位,坚信党的领导。

(二)大庆精神与马克思主义大众化具有一致的思想主题

"爱国、创业、求实、奉献"是大庆精神的基本内涵,是石油人50余年发展中的

精髓凝练。石油人以大庆精神、铁人精神为动力,艰苦创业,奋发进取,目的就是建设中国特色社会主义事业。这其中凝聚着一个不变的思想主题:发展。石油人以自身的实际行动诠释着"发展"这个主题。不能促进国家建设和发展就做不到爱国,不艰苦创业、讲求科学就促不成发展,只有发展,才能实现我们的伟大理想和宏伟目标。大庆精神体现的发展,是科学的发展,是通过不断的创新、创业实现的发展。不断地创新是推动发展快速跨越的有效路径。创业是扩大发展的范围,实现全面发展。马克思主义大众化需要人民群众参与发展,进行科学发展。中国特色社会主义理论体系的最新成果,就是关于如何发展的理论。科学发展观中第一要义是发展。科学发展观本身就是用来指导发展的,同时以发展作为其根本前提。发展是为社会的全面进步和人的全面发展提供物质基础。科学发展是我国社会贯彻始终的主题,也是马克思主义大众化的主题。

（三）大庆精神与马克思主义大众化具有一致的价值取向

中国共产党自成立以来一直把人民群众作为社会主义革命和建设的根本。全心全意为人民服务,是中国共产党人最高的价值追求。马克思主义政党必须做到一切为了人民、一切依靠人民,一切服务于人民。大庆精神是大庆人在十分艰苦的条件下,与各种困难作斗争,开发建设大庆油田的产物,石油工人做到艰苦奋斗、无私奉献的同时,中国共产党也始终把维护好发展好最广大人民的根本利益作为工作的出发点和落脚点,把职工的利益放在首要位置。石油人始终坚持以大庆精神作为培养人、塑造人、促进人的全面发展的基本原则,把以人为本理念贯彻始终。始终坚持石油工业为人民,石油建设依靠人民,发展成果由人民共享。大庆精神的传承和弘扬,就在于它已经根植于石油人的心里,内化为石油人的思想观念。新时期,推动马克思主义大众化,必须以实现好、维护好、发展好最广大人民群众的根本利益为取向。马克思主义大众化,就是要将党的政策贴近人民群众、贴近人民生活,解决群众的根本问题,维护群众的利益。只有让人民群众切切实实地感受到自身利益的实现和提高,才能让群众感受到马克思主义是为他们服务的,才能内化为自身的思想观念。马克思主义大众化的价值取向就是解决人民群众的实际生活问题,满足人民群众的需要,提高共产党执政能力和为人民服务的能力。

三、弘扬大庆精神,推进马克思主义大众化

（一）弘扬大庆精神推进马克思主义大众化的理论创新

创新是科学理论的内在价值,只有创新,理论才能适应与时俱进的社会发展

实践要求,才能推动社会发展。马克思主义理论注重与时俱进,本身要求不断创新,以满足人民大众不断发展的实践需要。创新使马克思主义理论具有了生机活力,被人民大众理解和接受。大庆精神作为伟大精神之一,是社会主义核心价值体系的本质体现,是推动我国改革和建设的精神动力,也是学习实践科学发展观的内在要求。大庆精神在油田会战中产生,在新时期得到不断发展,已经被人民大众接受并践行。

弘扬大庆精神,石油工人将艰苦奋斗的优良传统一代代的保持下来。随着改革开放和社会主义市场经济的不断发展,大庆精神也在创新和发展。大庆精神具有了新的时代内涵——"发展、创新、创业、科学、人本"。在新的历史时期,必须树立自觉的发展意识、积极的创新精神、旺盛的创业激情、科学的管理理念、先进的人本观念,在继承和发展中弘扬大庆精神。大庆精神的新内涵贯彻了科学发展观的原则和精神实质,与科学发展观具有内在的相通性和逻辑的一致性。弘扬大庆精神,以精神塑造人、培养人,以精神体现社会主义在实现社会发展的同时对人民群众的关心,提高人民群众自觉的创新精神和旺盛的创业激情。大庆精神以其特有的方式诠释并践行了科学发展观,推动了马克思主义理论在社会主义新中国的创新,使人民群众潜移默化接受马克思主义理论,更好的推进马克思主义大众化。

(二)弘扬大庆精神丰富马克思主义大众化的宣传方法

马克思主义中国化的理论成果是中国共产党领导中国人民在社会主义改革和建设的实践中的心血和智慧的凝结,是科学的理论体系,具有系统性和抽象性。理论最终是要指导实践,理论只有被人民大众所掌握,才能有指导实践的价值。马克思主义理论要真正被大众所接受,实现其价值,必须根据人民群众的文化水平、思维方式、接受程度等要求,采取群众所能接受的宣传方法,增强马克思主义理论的影响力和说服力。通俗易懂的大众语言是使群众接受马克思主义理论最直接的方法。大庆精神从实践中来,又有效的指导实践。

在新中国石油工业大会战的艰苦创业时期,石油工人在创业过程中形成宝贵的精神财富,即大庆精神、铁人精神。大庆精神、铁人精神通过一个个活生生的个人及其鲜活的经历,被一代代的大庆人、石油人继承和发扬。在石油会战中成立的1205钻井队,建队50多年来,队长虽然换了一任又一任,职工换了一茬又一茬,但是大庆精神、铁人精神却一直代代相传。铁人的忘我拼搏精神、艰苦奋斗本色、"练一身硬功夫、真本事"的不懈追求、"当人民的老黄牛"的奉献精神,被一代代的石油人继承和弘扬着。为了传承大庆精神、铁人精神,全国的理论工作者、新闻工作者、文学艺术家用传记文学的形式来记录中国石油工业崛起的历史,报道铁人事迹,让这种精神被人民大众接受。为了展示铁人的光辉业绩,弘扬铁人精神,大庆建立了"铁人王进喜同志纪念馆",为弘扬大庆精神、铁人精神搭建了良好的宣传平台,提供了有效载体。弘扬大庆精神的这些方式,深受人们大众的喜爱,深入群众心中。这种用人民大众熟悉的方式来弘扬大庆精神,丰富了对马克思主义理论的理解,石油工人用自己的行动学习《实践论》《矛盾论》,又通过实践来践行马克思主义理论。正是这种通俗易懂的宣传方式,让理论深入人心,把理论转化为浅显易懂的语言,让群众在朴实的语言中了解到理论能够激发人民大众的工作热情、爱国热情,解答人民群众的困惑,解决人民大众的问题,从而增强理论的吸引力。

(三)弘扬大庆精神提高群众马克思主义的主体自觉

人民群众作为马克思主义理论的传播对象,也是传播马克思主义理论的主体。所以推进马克思主义大众化,必须坚持人民主体地位,发挥人民主体作用,提高人民群众学习马克思主义的自觉性。只有通过广大人民群众自我学习、自我教育、自我宣传,才能推进马克思主义大众化,才能实现马克思主义理论的价值。

在大庆石油会战初期,面对困难的环境,石油工人的思想也出现不少问题,对石油会战心存疑虑。面对各种困难和重重矛盾,余秋里等会战领导组织全体会战队伍认真学习毛泽东同志的《实践论》和《矛盾论》。石油工人围着篝火学习"两论",整个会战现场出现了"青天一顶星星亮,草原一片篝火红;人人手里捧毛选,'两论'学习方向明"的动人画面。石油工人自我学习、自我教育,坚定信心,解决矛盾和困难。会战取得了胜利,离不开石油工人的自我学习、自我教育。大庆精神体现了中国共产党对石油工人自我学习能力的信任,相信石油工人可以自己教育自己,自己解放自己,在提高自己信念的同时,解决现实困难。石油企业将树立榜样的作风一直延续至今,让油田代表的榜样带动身边的职工,启发职工群众的自觉性。新时期,全国人民学习大庆精神,以"铁人"为榜样,完善自身人格,提高自我学习能力,通过自身的提高,来为社会主义建设事业作贡献。推动马克思主义大众化,也是要群众做到自我学习,提高人民群众的学习主体性,对大庆精神的弘扬,促进了人民群众自我学习马克思主义的热情,激发了人民大众的学习自觉、信仰自觉的良好习惯。人民大众根据自己的感受自觉地宣传和交流马克思主义理论化,促进了理论大众化价值的实现。

总之,大庆精神与马克思主义大众化是相辅相成的,是精神力量的内在统一,为社会主义现代化建设提供思想保障、精神动力和智力支持。弘扬大庆精神,激发人民的爱国热情,凝聚民族的奋斗力量,激励人民自强不息、勇往直前,为建设有中国特色的社会主义而奋斗。弘扬大庆精神,促进马克思主义理论实现中国化大众化,促进人民大众用科学的理论指导社会主义建设实践,不断谱写科学发展、建设社会主义和谐社会的新篇章。

参考文献:

[1]中共大庆市委党史研究室:《大庆石油会战史》,中共党史出版社2008年版。

[2]唐甜:《当代中国推进马克思主义大众化研究》,西南政法大学学位论文,2011年。

[3]叶福林:《推动当代中国马克思主义大众化研究综述》,载《实事求是》,2010年第2期。

高校贫困生思想政治教育的研究综述

东北石油大学　谷霞

一、研究背景

近年来,贫困生问题引起了国家的重视,也受到社会和学校的广泛关注,本文对多位学者关于贫困生的思想政治教育的研究脉络和思路进行了梳理,试图为贫困生的思想政治教育对策找到新的思路和方法。

(一)国内研究现状

贫困生这一特殊群体是在我国扩招政策之下应运而生的,国家为了解决贫困生经济方面的困难,实施了一系列资助政策。贫困生因为长期的精神压力和学习压力导致政治信仰、理想信念、价值观念等方面缺失。有的学者认为,我国对贫困生的教育缺乏完善的教育机制。[1]近几年,我国非常重视解决贫困生在经济方面的问题,对贫困生实施了资助政策,但是在贫困生的思想政治教育方面还不够重视,缺乏一套完善的措施。

一些人认为,高校对贫困生的思想政治教育不够。[2]高校的教育者们认为贫困生对生活更加理解,思想更成熟,对于贫困生道德、心理方面估计过高,忽略了贫困生思想和人格上的缺陷,弱化了贫困生的理想信念教育、感恩教育、心理健康教育等。

有的人认为,社会因素导致贫困生产生消极影响。[3]自改革开放以来,我国进入了社会主义市场经济,人们的生活得到了改善,但是,随之而来的是贫富差距的拉大。贫困生看到社会不正之风和腐败行为,对未来前途迷茫,面临极为严峻的就业形势,因此,高校对贫困生的就业指导教育尤为重要。

（二）国外研究现状

法国哲学家皮埃尔·勒鲁提出,平等是自由与博爱的基础,人之所以能够有自由的权利,因为他们是平等的,人之所以要履行博爱的天职,也因为他们认识到人类是平等的。他说:"如果你们问我为什么要获得自由,我回答你们说:因为我有这个权利。而我之所以有这个权利,乃是因为人与人之间是平等的。"[4]大学生有接受教育的权利,贫困生是大学生的一部分,同样有接受教育的权利。

美国教育家内尔·诺丁斯提出,以关怀为核心,强调学生的尊严和价值,尊重每一个学生、关心每一个学生、理解每一个学生,把学生看作教育过程的中心,把关怀建立在教育者和受教育者互相理解及民主和自尊的基础上。[5]这一观点体现了"以人为本"的思想,在贫困生的问题上,要尊重贫困生,关注贫困生的成长、学习和生活。

苏霍姆林斯基认为,"培养全面发展的、和谐的个性的过程,就是教育者在关心每一方面特征完善的同时,都不曾忽略这样一种情况,即人的所有各方面特征和谐都由某种主导的、首要的东西决定,那就是道德。[6]他提出,道德情感是德育过程中个体内心最真诚的表达,没有道德情感的激发,道德教育只能培养出道德上的伪君子。"[7]在贫困生的思想政治教育中,道德教育是重要组成部分,在贫困生的道德教育过程中,要培养他们良好的品德、高尚的情操和高度的责任感。

二、高校贫困生的思想行为现状

贫困生的思想和行为与其他大学生有着相同的特点,也存在着特殊性,就目前的研究现状看,归纳起来包括以下特点:

（一）有的学者认为,贫困生的理想信念出现偏差[8]

因为经济上和精神上的压力而导致理想信念模糊。毛泽东说,中国人找到了马克思列宁主义这个放之四海而皆准的普遍真理,中国的面目就开始发生变化。[9]邓小平说,我坚信,世界上赞成马克思主义的人会多起来,因为马克思主义是科学。对马克思主义的信仰,是中国革命胜利的一种精神动力。[10]贫困生受社会一些不正常现象影响,对马克思主义信仰产生动摇,导致人生观、世界观和价值观出现扭曲,这些思想上认识的偏差影响了贫困生的健康成长。

（二）一些学者认为部分贫困生思想和认识出现了问题[11]

贫困生认为,知识可以改变命运,他们通过努力拼搏考上大学,进入大学后,发现外面的世界和自己想象的相差太远。在高校生活贫困生面临很大的压力,尤其和富家子弟在一起,巨大的差距把贫困生的意志和信念摧毁,他们思想和行为出现偏激,抱怨父母无能、怨恨社会不公平。

(三)有的人认为,贫困生心理问题严重

表现为敏感、多疑和自我封闭,他们为了掩饰自我,很少与外界交往,导致心理出现问题,造成了严重的人格扭曲。[12]贫困生正处于思维广阔和情感丰富的时期,有较强的求知欲和记忆力,渴望交往,但是由于家庭经济原因,给贫困生造成了巨大的心理压力,引起心理闭锁、情绪冲动、自制力薄弱,进而出现自卑、孤独、心理失衡等特征,容易出现极端行为,给家庭和社会造成巨大影响。

(四)有些人认为,贫困生的学习和生活出现困难[13]

经济来源是学习和生活的保障,贫困生的家境不能为他们提供支持,使他们的学习和生活受到严重影响。一方面,为了解决生活上的困难他们开始从事家教、当服务生、扫教室等工作,因为忙于生计疏忽了学业,影响了成绩;另一方面,贫困生一般来自偏远地区,由于学习环境和学习条件的因素,许多科目基础较差,比如外语、计算机、文体等,他们学习起来较为困难。

三、贫困生思想政治教育的途径研究

(一)坚持"以人为本"是加强贫困生思想政治教育的前提

科学发展观的核心是"以人为本"。人是社会历史的主体,人对社会的构建和发展起推动作用。[14]社会的发展,要尊重人的主体地位。贫困生的思想政治教育首先要坚持"以人为本"的核心思想,要尊重贫困生的人格,承认贫困生的价值,理解贫困生的困难,关心贫困生的生活,重视贫困生的教育。

(二)心理健康教育是贫困大学生思想政治教育的基础

一些学者认为,贫困生因为家庭的经济原因,会产生各种各样的心理问题。[15]因为对未来的不确定性,贫困生的心理问题比较严重,容易出现自卑、偏激、悲观心理。根据2003年印发的《普通高等学校大学生心理健康教育工作实施纲要(试行)》和2006年印发的《教育部关于加强普通高等学校大学生心理健康教育工作的意见》的要求,高校要完善心理健康教育体系,组建一支由专、兼职心理教师和心理辅导员组成的心理健康队伍,为全校大学生尤其贫困生的心理健康保驾护航。

(三)加强理想信念教育是贫困生思想政治教育的关键

有人认为,因为社会的一些不正常现象,人们对物质的追求欲望不断增强,导致了理想信仰缺失。[16]一个人的世界观、人生观和价值观的确立与自身的生长环

境和接受的教育有关,贫困生的生长环境较差,接受的教育受限,到了大学阶段接受的是新的环境和新的事物,帮助贫困生树立正确的人生观、世界观和价值观尤为重要。

(四)诚信教育、感恩教育是塑造贫困生完美人格的必然要素

有人认为,诚信教育是德育教育的重要内容。[17]国家和社会都在关注贫困生的成长和成才,贫困生也要有人格信誉。社会主义核心价值观在个人层面要求公民要爱国、敬业、诚信、友善。贫困生诚信做人、诚信还贷是对社会主义核心价值观的最好践行。古希腊思想家毕达哥拉斯说:"美德乃是一种和谐,正如健康、全善和神一样。所以一切都是和谐。"[18]一些学者认为,感恩教育是高校德育教育的重要部分。高校加强贫困生的诚信教育、感恩教育能够培养贫困生具有诚信品质,塑造贫困生的完美人格。[19]

(五)社会实践是提升贫困生修养的重要途径[20]

马克思提出,全部社会生活在本质上是实践的。[21]实践是为了让贫困生正确面对贫困问题,通过社会实践和社会调查,让贫困生参加公益活动,感受社会的关爱,传递大爱;通过社会调查,让贫困生了解国情,敢于面对困难和挫折,勇于克服经济上的困难;通过实践,让贫困生在活动之中,践行理想信念。

本文从贫困生问题的研究背景入手,阐述了国内外研究状况,然后系统地梳理了贫困生的思想和行为表现,揭示了贫困生的思想、心理和行为现状,最后归纳出了贫困生思想政治教育途径。作为教育工作者,我们必须重视贫困生的思想政治教育研究,不断地拓展方法和思路,使贫困生的思想政治教育水平再上新台阶。

参考文献

[1]吴长锦:《高校贫困生思想政治教育存在的问题及对策分析》,华中师范大学学位论文,2014年。

[2]黄永华:《增强贫困生大学生思想政治教育的实效》,载《中国高等教育》,2009年第7期。

[3]曾继平:《贫困大学生就业指导中的思想政治教育研究》,西南大学学位论文,2012年。

[4][法]皮埃尔·勒鲁:《论平等》,人民交通出版社1988年版。

[5]邓杰:《高校贫困生思想政治教育人文关怀的现状分析及对策研究》,西南大学学位论文,2010年。

[6][俄]瓦·阿·苏霍姆林斯基:《论德育和全面发展》,载《国外教育资料》,1980年第

1 期。

[7]郑冰:《苏霍姆林斯基的道德教育思想及其对高校德育的启示》,闽南师范大学硕士学位论文,2013 年。

[8]许小荣:《高校贫困生的思想政治教育研究》,中南民族大学硕士学位论文,2011 年。

[9]毛泽东:《毛泽东选集》,人民出版社 1944 年版。

[10]杨瑞森:《邓小平"南方谈话"关于思想理论教育的三个重要思想》,载《思想理论教育导刊》,2012 年第 5 期。

[11]尹春苹、胡苹、吴永祥:《加强高校贫困生思想政治教育的途径探析》,载《法制与社会》,2007 年第 3 期。

[12]潘继军:《贫困大学生思想现状和思想教育的思考》,载《辽宁工程技术大学学报》,2006 年第 3 期。

[13]许小荣:《高校贫困生的思想政治教育研究》,中南民族大学学位论文,2011 年。

[14]李成保:《社会发展中的主体境遇——基于四重关系的综合审视》,中共中央党校学位论文,2013 年。

[15]庄玉峰:《贫困大学生思想政治教育研究》,延边大学硕士学位论文,2009 年。

[16]徐惠红:《有效加强高校贫困生思想政治教育的途径探析》,载《教育与职业》,2010 年第 29 期。

[17]焦守伟:《高校贫困生的思想政治教育时效性研究》,湖南科技大学硕士学位论文,2010 年。

[18]马啸原:《西方政治思想史纲》,高等教育出版社 1998 年版。

[19]郑冰:《苏霍姆林斯基的道德教育思想及其对高校德育的启示》,闽南师范大学硕士学位论文,2013 年。

[20]叶吉:《论高校贫困生思想政治教育》,载《学校党建与思想教育》,2010 年第 25 期。

[21][德]卡尔·马克思:《关于费尔巴哈的提纲》,人民出版社 1995 年版。

批判视野下我国思想政治教育
日常生活维度的反思

东北石油大学　颜冰　郑克岭　杨爱红

自2014年12月《辽宁日报》一篇"老师，请不要这样讲中国——致高校哲学社会科学老师的一封公开信"公开发表以来，在我国思想政治教育领域中引起强烈反响，并掀起了对"眦必中国"的讨论热潮。这一现象固然缘起于对部分高校教师的教学内容和方法的质疑，但不可否认的是，当今社会存在部分公众对经济、政治、文化领域中出现的问题的不理解、不认同，进而表现为思想政治教育的主流舆论虽然占有主导地位，但在舆论力量无法触及的日常生活中仍存在歪曲社会现实、放大社会弊端等思想及言论。究其根源不难发现，相对于对占普遍民众息息相关的日常生活的疏离，我国目前思想政治教育往往注力于思想观念、道德建设等非日常生活世界，并未真正触及思想政治教育的日常生活维度，结果造成思想政治教育对日常生活中诸多社会问题的解释及应对的无力或弱效果。基于此，尤有必要从日常生活维度对我国思想政治教育目标体系、教育内容和实现路径等方面进行全方位考察，理性反思思想政治教育的日常生活性，进而推动思想政治教育日常生活维度的实现。

一、日常生活与思想政治教育

日常生活理论是20世纪西方马克思主义哲学流派的重要理论，马克思、列斐伏尔、赫勒等均对日常生活理论进行过研究或论述。赫勒是该理论的集大成者，她将人们的生活划分为日常生活和非日常生活，并将日常生活定义为：同时使社会再生产成为可能的个体再生产要素的集合。这说明：第一，日常生活与个体再生产直接相关，个体再生产不仅仅是再产生生物意义上的人，而是社会化的人，因此个体再生产过程包含了人的生物再生产和人的自我再生产两个方面。第二，日常生活在客观上促进并依赖于社会再生产。个体再生产与社会再生产是同一过程的两个方面,个体为了再生产不得不同时再生产社会——生产出一个社会赖以存在的物质基础和生产关系,在这一过程中产生了人的非日常生活。而社会一旦被生产出来就会成为相对独立的意志,逐步影响甚至操控人的日常生活。赫勒认为日常生活是具有重复性、经验性、实用性等特征的"自在"状态,主要包括饮食男女、婚丧嫁娶和日常习俗观念等。非日常生活是具有创新性、理性等特征的"自为"状态,主要包括政治、经济、科学、艺术、哲学等领域的活动。

就起源而言,教育作为人们日常生活的一部分,与人的自我再生产直接联系并成为维持日常生活秩序的重要手段。然而随着生产力和社会分工的不断发展,教育逐渐具有了非日常生活倾向。社会关系中当物质资料的再生产日益占据主导地位时,个体再生产成为社会再生产的背景和手段,人类的生存经验也日益分裂为专业化、系统化、理论化的科学、文化、艺术、哲学等专业知识,以其为内容的教育也就不可避免的日益非日常生活化。但不可否认,教育的日常生活维度一直存在,尽管有时被置于其非日常生活的锋芒之下并未尽显。思想政治教育作为一个特殊的教育领域,兼顾日常生活与非日常生活的双重维度。狭义上的思想政治教育是指一个学科,也特指高校中思想政治的教学与研究工作,显然这个意义上的思想政治教育是作为价值观念的思想指引或学术研究出现的,处于日益非日常生活化的过程中。然而一般意义上的思想政治教育则指社会对一切个体进行的教育过程及行为,不仅停留于非日常生活领域,而会更为深远地渗透于日常生活之中。因而如果将思想政治教育一直禁锢于思想观念、道德建设等非日常生活世界的藩篱中,未能充分发挥思想政治教育在日常生活塑造和引领中的巨大潜力,必然造成思想政治教育与人们息息相关的日常生活的脱节,进而导致思想政治教育的无效果或弱效果。

二、批判视野下我国思想政治教育日常生活维度的反思

思想政治教育的日常生活维度虽然重要,然而纵观我国思想政治教育的发展历史,该维度一直没有得到充分重视。改革开放以前,我国人民的日常生活被非日常生活尤其是政治生活严格控制,日常生活往往依托或依附单位、大队、公社等生产工作单位来展开,日常和非日常生活高度混同。这样,只需在非日常生活中开展思想政治教育就可以覆盖绝大多数人的绝大部分生活轨迹,教育效果良好。但是随着改革开放的深入进行和中国特色社会主义市场经济体制的建立和完善,日常生活被解放了出来,并日益同非日常生活分离。在这一过程中,思想政治教育往往由于关注自身的抽象化、理念化与意识形态化,而使其日常生活属性渐渐被掩盖,思想政治教育的日常生活维度也难以显现。

第一,思想政治教育并未完全覆盖人的日常生活部分。随着改革开放的深入推进,人们的日常生活不再受政治、单位的严格控制日益成为自由的生活部分,人们终日穿梭于日常生活与非日常生活领域,忙于满足衣、食、住、行等日常需求的同时,减少留心关注、评论,乃至参与意识形态、思想观念、社会管理等非日常生活领域。因而,日常生活也不可或缺地成为思想政治教育的重要阵地。然而现阶段我国思想政治教育在日常生活领域的影响还显薄弱:一方面,一部分人仅属于日常生活中的人,如部分落后的农村地区的留守人群,尤其是老人,当然也有许多被封闭在农村自给自足的中青年人等,他们不参与,或是很少参与非日常生活,多游离于主流思想和价值观之外,致使思想政治教育未能有效深入他们的日常生活议题,不能对他们的思想起到引领提升作用。另一方面,由于异化劳动的存在,人们在非日常生活活动时总是感到压抑和束缚,而在平淡的日常生活中却容易享受到自由、平静与满足,这样,人们的日常生活领域逐渐迸发出不断扩大的趋势与潜力。比如,城市夜生活的出现就是城市日常生活与非日常生活空间分离的重要表现,在夜色中娱乐的人们释放心情、缓解压力,把夜生活作为逃离非日常生活的手段。而我国现阶段的思想政治教育依然是依托非日常生活进行,如通过单位、社区等,并没覆盖新兴的日常生活领域。于是日常生活空间中价值观、道德等非日常生活的秩序规则往往被视作束缚而被抛弃,个人主义、自由主义、消费主义等思潮迅速迎合人们的需要,成为日常生活中的主流价值观念。

第二,思想政治教育忽视日常消费领域。我国思想政治教育尤其偏重政治、文化和意识形态领域,对经济领域的生产、分配环节也比较重视,却忽视了日常消费领域。日常消费是个体再生产的基础,是典型的日常生活的范畴。由于日常消费是个体成长和再生产的基础,因此日常消费往往具有强烈的排他主义色彩,许多思想政治问题的出现都与消费的排他主义相关联。例如,享乐主义、奢靡之风、特权思想、官僚作风、形式主义等。另外,个体日常消费又是社会再生产最直接、最深厚的动力源泉,个体从事社会生产最根本的动力是满足自身的消费需求。因此,如果没有正确的消费观、消费模式就没有健康成熟的个体再生产和持续有力的社会再生产。而且,随着经济全球化、信息化的迅猛发展,伴随西方消费品占领中国市场,还有异化的消费模式和消费观念,过度消费、拜金主义、享乐主义等消极腐化思想和模式也开始蔓延。然而目前为止,我国思想政治教育除了舆论呼吁和理论说教外并没有针对个人日常消费的价值观指引与具体有效的行动,尚未形成积极、健康的消费模式。

第三，思想政治教育内容忽视经济性和实用性。赫勒认为，日常生活是遵循经济、实用原则进行的。一方面，经济性是日常思维的基本结构。赫勒指出，日常生活是异质性的活动，个体要迅速调和异质的日常活动依靠的就是经济性的思维模式。日常生活的经济性是指个体往往按照惯例、习俗、习惯等来安排自己的日常生活，这不同于理性，不是通过严格的经济学计算来决策，甚至有时和理性截然相反。我国思想政治教育侧重思想政治理论知识的传授和记忆，希望通过全理性的方式来进行思想政治教育，甚至希望只要证明马克思主义是正确的，那么在个体行动时相较于其他错误思想就理所当然地具有优先性。这都忽视了日常生活的经济性特征，只有马克思主义与日常生活语言、日常生活思维方式、日常生活内容相结合，成为习俗、惯例或习惯的一部分时，思想政治教育才是有效的。

另一方面，实用性也是日常生活顺利运行的重要保障。我国现阶段的思想政治教育注重大而空的意识形态理论灌输，对个体在日常学习、生活、工作中遇到的实际问题、困惑关注较少，使思想政治教育脱离了个体的日常生活实践，造成思政教育理论和实践"两张皮"，使受教育者甚至在教育者安排的不同境遇下形成"双重人格"。诚然，这里并不是主张要放弃理想教育，而是强调应当改进方法、改善效果。意识形态的宣扬和扩张是任何社会维持自身存在发展所必不可少的手段，但是有效的意识形态宣传都不是单纯的空洞的理论灌输，而是与日常生活的实用性紧紧联系在一起的。换言之，意识形态的宣传应该从日常生活入手，以日常生活为载体、以日常需求的满足为手段来实现意识形态教育的作用。人们进行非日常活动即社会生产的根本动力是个体再生产，实现共产主义理想和中国梦，归根结底是为了人们能够更幸福地生活，因此这种理想信念必须与人们日常生活中切实的需求相结合才能深入人心，具有持久的生命力。理想和意识形态的教育只有从个体日常生活需要出发，切实解决其面临的问题，才能使个体在反复的实践中在思想、情感尤其是行动上志存高远，坚定信念。

三、思想政治教育日常生活维度的实现

鉴于我国思想政治教育在日常生活领域出现的问题，亟须在目标体系、教育内容和实现路径等方面与日常生活相结合，才能形成贴近日常生活、体现日常需求、指引日常行为生活化的思想政治教育体系。

从教育目标来看，思想政治教育应建立与日常生活相契合的目标体系。思想政治教育的目标不是单一的，而是长远目标与阶段目标、根本目标与具体目标有

机结合的目标体系。就长远目标和根本目标而言,思想政治教育着力于实现人的自由和全面发展,必然与日常生活和非日常生活紧密相关。人们在重复、平静的日常生活中获得维系生命的物质保障,在知识、技能等学习、实践活动中获得持续发展的能力与素养,当人真正实现自由之时,必然意味着他们已经能够自如实现非日常生活与日常生活的转换,由一种"自为"的生存状态转变为"自在"的生活状态。因而,思想政治教育功能的实现要求逐步模糊日常生活与非日常生活的边界,实现非日常生活世界向日常生活的渗透,让人们在理念世界与生活世界中均能感受到自由。就阶段目标和具体目标而言,思想政治教育现阶段则总是着眼于育人,以培养成熟健康个体为首要任务,着力培养符合社会发展需求的合格的劳动者、建设者和接班人,这就需要在具体生活情境中,以经济性、实用性为原则"润物细无声"地引导人们的日常生活方向,确立"更好生活"的价值判断,宣传积极健康、喜闻乐见的先进文化形式,从而使思想政治教育目标以更"接地气"的方式贴近日常生活,融入普通民众的生活空间。

从其教育内容来看,思想政治教育应以日常生活息息相关的具体、现实问题为切入点,确定志存高远的价值理想与日常生活规范相结合的内容体系。我国思想政治教育的内容包括马克思主义世界观、人生观、价值观的内化,社会主义核心价值观认同,优秀民族精神的传承,时代精神的体悟,社会主义法律、纪律及道德观念培育等多个方面,包含个体社会化各个方面的要求。思想政治教育的这些内容虽然大多是高度专业化的理论体系,看似与"自在的"、非理性的日常生活截然不同,但是这些内容必然需要与个体的实际日常生活内容相关联,并内化到个体自觉、自然而然的思想、情感和行为当中,而这个内化的过程正是个体适应其生存的世界的过程,更是个体再生产中自我再生产的过程。思想政治教育的内容反映了社会所倡导的主流思想和价值观念,但如果其内容过于概念化、理论化和抽象化,与日常生活契合度较低,那么当面对日常生活中不同层次的人时,要想达到思想教育的预期效果便会十分困难。由此,必须以人们真正关心的问题为切入点,分析他们的现实需求,将抽象系统化的理论体系转化为日常生活中具体、可分解的个人价值理想信念和日常生活准则,才能使思想政治教育收到较好效果。正如赫勒所说,如果个人在其日常活动的框架中与之关联……就可以成为基本上是异质的日常生活的组成部分。思想政治教育的最高境界就是使人将非日常生活中的理性思考、正确的价值观念、科学的行为方式内化为人们自在的、自然而然的反映,也就是将其日常生活化,不断提升思想政治理论的日常生活化程度。

从其实现路径来看,思想政治教育应在日常生活情境中,采用示范、体验、争论等形式使人们在日常生活中触及、参与乃至争论社会问题,在具体生活空间中提升他们的思想政治素养。人的衣食住行等需求的满足,离不开日常交往和日常消费,更离不开所共处的日常生活情境。要提升人的思想政治素养,不宜采用传统的"你听我说"的知识灌输和理论说教模式,而应以示范体验、社会热点问题讨论、文娱等活动形式让他们主动参与到思想政治教育的日常生活形式中来,充分调动其对社会问题、政治问题、生活问题的参与热情和关注程度,寓教于乐、寓教于行,在日常生活交往中不断提升自身的思想政治素养,实现思想政治教育的目标。另外,还可利用微博、微信、易信等现代化的网络媒介平台针对社会热点问题进行广泛讨论与质询,在不同意见的交汇、价值观的碰撞中,使思想政治教育的核心理念融入普通民众的日常生活,使思想政治教育的非日常生活形式逐渐被日常生活同化。简言之,思想政治教育作为一项教育活动,只有置身于平凡而琐碎的日常生活中,把日常生活作为思想政治教育的主战场,积极反思日常生活的消极影响,构建健康和谐的日常生活情境,才能超越原有的教育层次,提升思想政治教育的育人境界。

概言之,我国思政教育脱离其日常生活维度会大大影响其有效性,思政教育对日常生活的回归是新时期思想政治教育工作的重点。回归日常生活维度要遵循"从日常生活中来,到日常生活中去"的原则。"从日常生活中来",即思政教育首先要着眼于个体的日常生活,从日常生活中发现存在的问题,对生活中存在的错误思想、行为进行批判,解决个体生活中的困惑与问题,把共性、普遍存在的问题及对策提升为思政教育的普遍原则、工作方法。"到日常生活中去",即思政教育应当关注日常生活领域,覆盖日常生活中的人,借助日常生活的思维逻辑、语言形式、风俗习惯来进行思政教育。诚然,思想政治教育日常生活维度的成熟与效用发挥,有赖于其对社会主义核心价值观的坚持、秉承及积极践行,有赖于有作为的思想政治工作者对尖锐社会问题的不回避、不放弃,更有赖于开放的思想政治教育体系对日常生活领域的广泛接纳与大胆尝试,毋庸置疑,这是摆在新时期思想政治教育创新的重要任务及必然选择。

参考文献

[1][匈]阿格妮丝·赫勒:《日常生活》,衣俊卿译,黑龙江大学出版社2010年版。

[2]赵帅、李敏:《日常生活理论视域下思想政治教育的困境与出路》,载《学理论》,2013年第3期,第273-275页。

[3]张国启:《论思想政治教育生活化的发展向度》,载《思想理论教育》,2009年第7

期,第 28 – 31 页。

[4] 周海华、白璐、张锦刚:《日常生活理论视阈下的经常性思想工作》,载《求实》,2012年第 1 期,第 204 页。

[5] 贾鹏飞:《关于马克思主义信仰大众化的几点思考——基于布洛赫希望哲学的视角》,载《思想政治教育研究》,2015 年第 2 期,第 55 – 58 页。

高校思想政治理论实践课教学体系
对大学生自主创业的作用探析

东北石油大学马克思主义学院　李晶晶　钟楠

随着社会对先进科技的要求不断提高,对高校毕业生质量的要求也必然不断提高。高校的毕业生不仅要具有专业的技术能力,更要有较高的人文素养,即社会需要的是全面发展的高素质人才。高校拥有自己的办学特色,但在思想政治理论课教学方面,高校都应重视以党的路线、方针、政策指导学生,以科学发展的理念培养学生,在注重理论教学的同时,有必要以就业为导向,以科研和社会调查为基础,不断加强实践课教学,促进大学生自主创业。

一、高校思想政治理论实践课教学的具体模式

(一)实践课的课堂内教学模式

思想政治理论实践课课堂内教学是以课堂教学为平台、以学生为主体、教师发挥主导作用,充分发挥课程资源优势的教学模式。针对教学过程中遇到的重点问题、国际国内发生的突出事件、学生普遍关心的社会热点问题,学生通过讨论、演讲、案例分析、专题报告等形式参与课堂教学,在活动中激发学生主动思考问题,引导学生积极参与,将理论教学与实践教学相结合。比如,结合当今社会热点问题,以社会出现的典型和榜样及其事例为鲜活案例,进行案例分析及专题报告。案例分析和专题报告可以结合高校的办学特色,以马克思主义理论为基础,以科学发展观为指导,了解中华民族的奋斗史,掌握现代的法律法规,实现理论联系实际,理论指导实践的目的。课堂内的实践教学是理论与实践联系最紧密的教学模式,是对思想政治基本理论进一步理解、深化和运用的最直接的教学模式,是提高学生自主学习和自我实践最具时效性的教学模式。

（二）校园内的实践教学模式

校园内实践教学模式是在校园内开展的一种丰富多彩的教学模式,是在高校思想政治理论课教学目标的指导下,依托校园环境,学生利用课外时间进行的校园实践。学生走出课堂,自主设计组织实践活动,在实践活动中深化理论知识,提高学生的合作能力和团队精神。学生可以通过组织课外学习小组、参加社团活动、参与学习竞赛等方式开展校园内的实践教学。高校自建校以来产生了厚重的文化底蕴,高校的校园文化为大学生开展思想政治理论课实践教学提供了坚实的保障,校园实践活动让学生更有兴趣,比单纯的说教式的思想政治教育更具说服力,使大学生更加坚定正确的政治立场和正确的人生观、价值观。高校通过举办各类社团活动和校园文化活动,使学生既了解了学校的发展史和社会主义现代化建设的历史及伟大成就,又认识到身上肩负着建设社会主义的艰巨使命,增强了思想政治教育的效果,同时,使高校的学生真正养成要继续为祖国、为人民服务的奉献精神。

（三）校园外的实践教学模式

校园外的实践教学模式是学生在教师的指导下,根据自身的兴趣爱好及知识能力选择自己关心的主题,借助社会活动的方式离开校园,走向社会,在社会实践活动中提高认识、增长见识、展现才能。高校思想政治理论课社会实践教学模式是对课堂教学和校园实践的有效延伸,为学生步入社会,参加工作做好准备。高校的思想政治理论课校外实践教学以企业为基地,学生通过到企业实地考察、参观访问、实证调查研究、志愿参与企业服务等形式来实现。通过对企业的实地考察,使学生们深刻地感受到创业的过程,通过对基层工人的访问,使学生们真正感受到企业工人求真务实,甘愿为祖国、为人民奉献的奋斗精神;通过参加志愿服务,使学生们体会到创业的艰苦历程,因此,要更加珍惜今天的幸福生活。高校思想政治理论课的社会实践教学模式,以企业为基地,使学生所学的理论知识与社会实际相结合,通过自己的亲身体验去认识社会,锻炼能力,树立正确的思想观念、服务意识和创新精神。

二、构建高校思想政治理论实践课教学体系促进大学生自主创业

（一）丰富实践教学内容,提高大学生自主创业意识

高校的思想政治理论课教学是继承和弘扬民族精神和时代精神的一个重要平台,同时,对民族精神和时代精神的讲述也进一步丰富了思想政治理论课的教

学。民族精神和时代精神进入思想政治理论课的课堂,通过融入鲜活的人物和事件,让学生更容易接受思想政治理论课的内容。在实践教学方面,充分利用宝贵的精神财富,通过社会调查,了解老一辈创业者的创业史,体验新一代创业者的奋斗过程,让年轻的大学生养成艰苦奋斗的生活作风和讲求科学的学习、工作态度。通过深刻了解民族精神和时代精神,进一步激发生活在新时期的年轻人为祖国奋斗的斗志,使对祖国的爱转化为工作的动力,高校的教育不仅是一种行业意识的教育,更是一种师生的道德品质教育。在高校的发展过程中,弘扬爱国主义为核心的民族精神和改革创新为核心的时代精神,已经深深融入到高校的办学育人实践中,宣传这种伟大的民族精神和时代精神是高校应尽的责任,也因此提高了大学生的自主创业意识。

(二)加强校企实践基地建设,提高大学生自主创业本领

高校的建立充分利用了毗邻的地域优势,将企业作为实践教学和科研的基地,将教学科研与企业的生产相结合。校企合作办学已经是高校办学的一个特色,学生的实习、毕业设计等一部分会来源于企业,同时,高校承担着为企业培养高素质人才的重任,高校充分加强学科建设,不断地提升高校的科研水平和学生的实践能力,在全方位多层次的合作特色办学中,培养了一批批符合社会发展的人才。

高校的思想政治理论课教学不同于其他专业课程,它是对学生思想的教育,是培养思想意识、政治素养、职业道德的教育。思想政治理论的实践课教学不是通过建立实验室以科学严谨的数据为支撑,而是要通过社会调查参与社会的生产生活的形式完成。思想政治理论实践课的教学基地的建立要充分考虑学科特点。一方面,在企业的政工部门、党建部门、企业文化宣传等部门建立实践基地,让学生了解企业发展相关思想政治工作部门的工作性质、工作方法和工作流程,并通过对案例的学习让学生更好地了解、吸收所学的知识,另一方面,充分利用企业的教学平台,加大资金的投入,尽可能地为学生安排一些给企业职工作专题报告的机会,使学生的实践能力得到广大职工的检验,在与职工的互动中,提高学生自身对思想政治理论课性质的认识,帮助学生更快的吸收所学的知识,形成专业的思维能力,最终达到思想政治理论课实践教学的目的,提高大学生参与社会工作的能力,为大学生的自主创业打好坚实的理论基础和实地培训学习的基础。

(三)科学合理评价,提供大学生自主创业的保障

思想政治理论实践课教学的成效如何,必须通过科学合理的评价,这不仅是思想政治理论实践课教学的重要环节,也是确保大学生能够真正进行自主创业的

保障。科学合理的评价实践教学课的成效是根据思想政治理论课教学的目的和要求,对思想政治理论课实践教学环节和效果的评价,这要求高校必须形成一套科学、合理、全面的实践教学评价体系,促进思想政治理论实践课教学的开展,达到思想政治理论课教学的最终目标。

高校的思想政治理论实践课教学是在学校、企业、教师、学生的共同参与下进行的。高校宏观安排实践教学的过程,学校的教务管理部门应为思想政治理论课实践教学活动选择地点、确定主题,并对实践教学活动的可行性和有效性进行审查,进而建立有效的奖罚机制。完善的机制是开展实践教学的有效保障。企业为思想政治理论课实践教学提供了依托平台,企业的领导和群众是检验实践教学效果最直接的评价来源。企业的领导掌握企业的行业特点和对人才选拔的基本要求,因此企业对高校学生实践效果的评价是最客观的,是最能反映学生实践能力的。高校的任课教师对学生实践效果的科学评价是实践教学评价的核心部分,教师对学生的评价贯穿于实践教学的全过程,包括实践活动前的安排、实践教学中的跟踪、实践教学后的评价。因此,教师的教学评价体系的制定要做到合理的定位和定量,将评价的每个环节结合到一起,对实践教学进行总体的评价。学生是思想政治理论课实践教学的主体,学生在进行实践活动前必须掌握评价标准,运用标准来作出相应的判断,使实践教学有针对性,提高实践教学的成效。学生对实践教学的评价包括自身评价和学生之间的评价。通过科学合理的评价,增强大学生自主创业的兴趣,激励大学生在实践过程中总结不足、发挥长处,尽早确立创业目标。

高校思想政治理论实践课教学肩负着对大学生进行正确的世界观、人生观和价值观教育的任务。检验任务是否完成则需通过开展各种实践活动,实践课教学作为高校思想政治理论课的重要组成部分,是对课堂理论教学的必要延伸。通过实践课教学增强大学生对社会发展的理解,进而增加对社会的责任感,尽早地让学生培养创新、创业的意识,以大学生的创业促进城市的就业,推动"大众创业、万众创新"。

参考文献

[1] 柳礼泉:《大学思想政治理论课实践教学研究》,湖南大学出版社 2006 年版。

[2] 程鹏:《高等学校创业指导体系的构建分析》,载《云南社会主义学院学报》,2014 年第3 期。

[3] 舒永久:《对构建高校思想政治理论课教学评价体系的思考》,载《国家教育行政学院学报》,2011 年第 11 期。

当前大学生信仰教育困境及解决路径

东北石油大学马克思主义学院　张兵　姜军

所谓信仰,是对某种主张、主义、宗教或某人的极度相信和尊敬,并将其作为自己的行动指南或榜样。高校思想政治理论课对大学生的教育主要是以信仰教育为核心的。高校思想政治理论课的目标是希望通过学校教育让学生具有崇高的信仰,并以此指导自己的行为实践。

一、当前大学生信仰教育的现状

当前大学生信仰教育中既有诸多有利因素,同时又面临诸多困境。

(一)存在的有利因素

国家重视为加强大学生信仰教育提供有利的外部环境。近年来,党和国家十分重视高校思想政治理论课,相继出台了多项课程改革政策,着力提高思想政治理论课的教学实效性。这些改革政策的出台,提高了思想政治理论课教师的教学积极性,促进了教育教学改革的积极性,为大学生信仰教育成效的提高创造了良好的外部环境和促进因素。因此,高校作为大学生信仰教育的主阵地,在大学生信仰教育过程中取得了可喜成绩。大学生要求加入中国共产党的人数呈不断上升的趋势。中国共产党的指导思想是马克思主义,由此可见,大学生马克思主义信仰教育取得了显著成果。马克思主义信仰被越来越多的大学生所认同并内化为自己的理想信念,从而指导自身的实践。

(二)面临的诸多困境

在大学生信仰教育环境逐步向好的当下,高校在大学生信仰教育方面仍然面临多方面的困境。

1. 多媒体及自媒体时代的到来,消解了部分大学生信仰教育的成效

随着互联网技术的发展与普及、网络终端的便捷化,以及网络空间监管的薄

弱化,不仅使大学生处在多媒体时代丰富的信息化中,同时也处在大学生可以随意发表言论并"广而告之"的自媒体时代。这些都促使了大学生获得信息的丰富性,同时也造成了获得信息的复杂性。网络中不良信息的渗入,形成了互联网的信息污染。这种信息污染必然对大学生的信仰教育效果起到消解作用。首先,多媒体及自媒体的盛行致使大学生接收部分虚假信息。相较于传统交往模式中对大学生进行信仰教育的可控性,当下的大学生信仰教育已经被迫处在开放的环境中,教学环境已经超出了学校和课堂,大学生更愿意将自己置于互联模拟交流的网络世界中。网络不断地向大学生输送各种不同种类及性质的信息,这些信息中不乏向其传播树立世界观、人生观和价值观的内容。一些西方资本主义国家和反马克思主义者便利用这些自媒体和多媒体工具向大学生传播诋毁马克思主义的意识形态,以达到腐蚀大学生思想、动摇马克思主义信仰的目的,从而消解了马克思主义信仰对于大学生世界观、人生观和价值观的塑造作用。其次,大学生作为网络信息的接收主体,会对信息进行加工制作,造成对信息的误解。大学生不是被动地接收所获得的网络信息,而是会对信息进行加工并形成自己对信息的理解。然而,大学生正处于世界观、人生观和价值观的形成阶段,还不具备完全独立地全面解读接收信息的能力。运用这种不成熟的世界观、人生观和价值观对接收信息进行加工处理,经常会造成对信息的误解,从而消解了我们对其进行的马克思主义信仰教育的效果。

2. 当前家庭教育状况,也会部分消解大学生信仰教育的作用

高校对大学生进行的信仰教育是在校园中集中进行的,但是大学生来自不同的地域、不同的家庭,家庭教育在人的成长过程中具有重要的作用。大学生在进入大学校园之前除了接受初、中等学校教育外,主要是接受家庭教育。父母的教育方式、家庭的氛围、父母的理想信念在大学生性格养成、人生目标、处世态度、人际关系、价值观念、智力培养等方面有着至关重要的影响。良好的家庭教育对于大学生正确世界观、人生观和价值观的形成具有积极的促进作用,而相对落后和消极的家庭教育则会起到相反的作用。当前,大部分家长对大学生都能进行积极正面的家庭教育,使大学生在信仰形成过程中受到正确地价值取向引导。但是,也有一部分家长在大学生信仰形成过程中起到了负面影响。家长将自己对世界的负面理解通过家庭交流传递给大学生,使学校对大学生进行的信仰教育效果遭到削弱。

3. 社会中的负面现实部分抵消了信仰教育的积极成果

改革开放以后,我国社会主义事业取得了长足发展,但与发展相伴而生的还

有很多现实的社会问题。在社会主义市场经济迅速发展的环境下逐渐出现的贫富差距、不断异化的人际关系、多元化的价值取向、逐步恶化的生态环境、良莠不齐的网络信息都对大学生的世界观、人生观和价值观形成了巨大冲击。人的信仰是与人自身的生活息息相关的。这些负面的社会现实使部分大学生开始怀疑马克思主义的科学性和现实价值，因此，对高校进行马克思主义信仰教育起到一定的干扰作用。如何合理地解释这些负面的社会现实，引导大学生树立正确的世界观、人生观和价值观是高校思想政治理论课面临的现实困境。

二、解决大学生信仰教育困境的路径选择

（一）提高思想政治理论课教师的政治素质

在教育实践活动中，教师是教育的主体，教师素质的高低直接影响整个教育过程的效果。因此，思想政治理论课教师必须要提高个人素质。思想政治理论课教师的综合素质由思想道德素质、政治素质、心理素质、科研素质、科学文化素质等方面构成。在这些素质当中，教师政治素质的作用显得尤为突出，没有较高的政治素质，纵使其他方面的素质再高也很难培养出具有崇高信仰的社会主义接班人。教师的政治素质首先要求教师具有较高的思想政治觉悟。教育主体的思想政治觉悟关系着大学生的未来。在社会实际不断变化的今天，少数思想政治理论课教师的思想政治觉悟确实存在一定的问题，这对培养大学生的正确信仰十分有害。因此，要通过有效手段不断加强思想政治理论课教师的思想政治觉悟。如果教师自己都不信仰马克思主义，怎么能培养出马克思主义信仰的拥护者？思想政治理论课教师要努力学习马克思主义理论，要在掌握马克思主义的科学体系、基本原理和立场、观点、方法上下功夫，对马克思主义理论做到"真学、真懂、真信、真用"。思想政治理论课教师只有全面掌握马克思主义理论并以此作为行动指南，才能占领学校讲台的主阵地，向大学生传播信仰的正能量。

（二）激发大学生学习动机

提高大学生信仰教育的实效性，不仅要解决教育主体的问题，还要解决教育客体的问题。在信仰教育活动中，教育客体是大学生，而大学生在整个教育活动中不仅是被动接受知识的客体，还具有相对的独立性。他们思想活跃、身体健康、精力旺盛、知识丰富、富有激情、眼界开阔。随着大学生接触信息渠道的拓宽，传统的以灌输为主的信仰教育方式已经满足不了当前大学生信仰教育的需要。在这种情况下，增强大学生对马克思主义信仰的学习兴趣，激发学习动机就成为解决问题的重要途径。

教育心理学家普遍认同的学习动机理论是:学习是由动机引起的有目的的活动,学习动机作为学习的起点和动因而存在。学习动机是学习活动的主观意图,因而对于大学生的信仰教育而言,学生自身的学习动机是促使其接受并认同马克思主义信仰的最根本要素。目前,大多数大学生的学习动机是积极向上和健康的,既承载着个人价值实现的任务,同时在客观上也有利于社会和他人。影响大学生学习动机的因素很多,其中教学内容和教学方法是关键因素。学习内容无聊空洞,教学方法死板僵硬,大学生就是有再强烈的求知欲,也很难提起兴趣学习。因而,高校的信仰教育在教育内容上要作适当选择、在教育方法上要作相应的改进,才能从根本上激发学生的学习动机。信仰教育内容的选择应注意科学性与人文性并重,让大学生理解什么是真正的马克思主义信仰,澄清对马克思主义理论的误解和歪曲,避免形式化和抽象化的解读。同时,让学生充分体验到社会的人文关怀,从而提高学生的思想道德素质。信仰教育的课堂教学应该改变现有的单一的灌输式的教学模式,将"灌输式"教学转变成"启发式""参与式"的教学,增强学生在教学活动中的"存在感",这样才能调动他们的积极性,从而激发大学生的学习主动性。

(三)创建良好的信仰教育环境

要使大学生信仰教育摆脱当前困境,增强教育的实效性,具备良好的教育环境是重要的外因。大学生与教育环境之间的关系是相互影响、相互作用的。良好的教育环境对大学生的培育作用是显而易见的,同时大学生的思想和行为的发展也不断促使教育环境发生改变。大学生信仰教育过程体现了国家对大学生世界观、人生观和价值观培养的意志。这种教育行为的实现不仅需要教师和大学生共同协作来完成,同时也需要国家有关部门进行有力地推动。这种推动体现在国家的措施保障、制度保障和政策保障等方面。各种关于信仰教育的措施、制度和政策的出台,给大学生信仰教育提供了大力的支持,取得了明显的效果,为大学生信仰教育营造了良好的外部环境。同时,高校自身环境的营造对大学生的信仰教育有着更为重要的影响。高校自身的软件环境是一种隐性的教育资源,是一种潜在的教育因素。例如,高校的校园文化、校训、人文精神都是高校自身环境的有机组成部分,这些因素对大学生的成长所起到的作用更大。因此,高校在完成对大学生进行的教学任务以外,更重要的是为广大学生营造一种积极向上、健康和谐、启智育人的校园环境,使其在大学生信仰形成的过程中发挥应有的作用。

参考文献

[1]李国俊、王晓雨、徐晓宇:《马克思主义理论学科体系研究》,黑龙江教育出版社2013年版。

[2]熊洁、张爱林:《当前大学生信仰教育之重难点问题分析》,载《西南大学学报》(社会科学版),2010年第5期。

[3]刘晓燕、张宗新:《关于大学生信仰教育的路径选择》,载《山东理工大学学报》(社会科学版),2010年第3期。

[4]李荔:《马克思主义大众化视阈下的大学生信仰教育》,载《林区教学》,2012年第8期。

[5]崔翠利、余玉花:《信仰与大学生的精神发展——简论大学生信仰教育》,载《内蒙古师范大学学报》,2010年第1期。

[6]李军松:《大学生信仰教育现实困境的实证调查与分析》,载《长春工业大学学报》(高教研究版),2011年第4期。

新媒体视域下大学生法治教育路径探析

宋建申

一、新媒体的特点

作为依托于互联网技术而产生的新型传播方式,新媒体与传统媒体有着较大的区别,新媒体的传播媒介主要是多媒体网络,基于移动通信技术,为人民群众提供快捷的信息服务。它与传统的媒体主要从三个方面存在差异:

(一)传播行为的大众化

与传统媒体相比,新媒体的传播手段更加多样化,同时也具有十分便捷化的特征,信息传播的成本有了极大的降低,同时也突破了传统媒体的信息垄断,互联网内的每一名成员既能够成为信息的接受者,同时也可以扮演信息的发布者角色。

(二)传播主体的虚拟化

在原有的传统媒体中,传播者和信息接收者的位置是固定的,同时,公众对于消息来源也能够明确的获取。而在新媒体时代,由于网络的虚拟性,用户往往无法得知自己所接受信息的来源,信息发布者的身份也无从知晓。

(三)传播内容的广泛性

在传统媒体时代,信息的发布必须经过较为严格的审核,这就导致了虽然信息的权威性有足够保障,但是信息的多样性不足;而在新媒体时代,信息的多样性伴随着信息发布渠道的多元化而得到极大的丰富,但是由于缺乏有效的审核,从而导致了信息的控制力度下降,民众在大量的信息中不能轻松的分辨信息的真假,也导致了各种负面信息和正面信息鱼龙混杂,呈现出一种监管的困境。

二、新媒体环境下的大学生法制教育现状

大学生作为新时代的弄潮儿,最先受到信息时代引领媒体变革所带来的信息爆炸的冲击,大学生的日常学习、生活与新媒体产生了密不可分的联系。新兴媒体的特性与大学生法治教育可以产生良好的化学反应,增强了大学生的法制意识,但是,多元化的媒体立场也会对大学生的价值观选择造成困扰。新媒体在大学生法制教育中扮演了双刃剑的角色。

(一)从正面效应上来讲

1. 新媒体的先进性利于大学生法治意识教育

与传统媒体相比,新媒体的先进性不言而喻,信息通过高速互联网实现在多个终端上的共享与传播,为人们的工作、学习、生活、娱乐带来了极大的便利。同时,信息的高渗透性使其能够打破阶级、地域、时间的限制,能够为大学生进行网络法制教育学习提供良好的平台。大学生们可以充分发挥自身的主观能动性,用自己喜欢和感兴趣的东西来配合法制教育的开展,避免了传统教学方式流于课堂、流于形式,多元化的教学和学习模式能够让大学生的法制意识有效的提升。

2. 新媒体的碎片化利于大学生法治意识教育

新媒体的发展带来了更加便捷的信息传播渠道,同时信息的传播方式也更加的多样化,人们可以根据自己的需要和喜好来方便的选择适合自己的信息接收方式。目前来看,新媒体形成的这种碎片化的信息传播方式较好地满足了不同群体的信息接收需要。很多大学生已经习惯了通过移动终端来接受信息,并通过这些信息来完成自己的学习和培训,而相关的信息可以在不同的终端之间传递和延续,方便了学生随时学习的需要。从效果上来看,碎片化的信息传播对于大学生的法制教育是利大于弊的,社会发展的多元化与新鲜事物的层出不穷,必然要求法治意识教育的内容和方法与之相应的出现多元化,仅仅依靠传统的课堂教学难以满足大学生法治素养的需求,难以实现法治意识教育的最大功效,碎片化的新媒体恰恰可以填补这一传统法治教育的空缺。

(二)从负面影响上来看

1. 新媒体并不能从根本上解决大学生法律意识不足的问题

大学生的法制意识不是通过改善信息的传播渠道就能够解决的。通过对信息传播途径的优化,大学生获取知识的渠道越来越多,获取的知识也越来越丰富。我国目前正处于社会转型的时期,各种思潮不断涤荡,冲击着主流思想,不断地影响着大学生对于主流文化的判断和追求。目前,受到网络信息爆炸的影响,大学生对于目前社会上的违法犯罪信息接触过多,影响了大学生对于社会主流价值的判断,对于社会法制的认可和追求程度不深,这些思想问题无法通过改善信息传播渠道来解决。

2. 大学生缺乏强烈的维权意识

新媒体时代一大负面效应就是网络诈骗伴随着技术进步给人们带来的破坏和损失越来越大,网络诈骗、电信诈骗等违法犯罪行为不断被爆出,而一些电子商务平台的产品以次充好、售后服务缺失等现象也是屡屡出现。作为网络购物主力军的大学生,当在通过网络进行消费或者其他行为的过程中出现自身权利被侵害的情况下,往往不能勇敢地站出来为自己的权利申诉,缺少通过法律手段维权的意识。这种现象的产生由两个方面共同担责,一是大学生的自身维权意识较差,二是电子商务的发展亟待规范。

3. 新媒体的虚拟性引发大学生刑事案件频发

由于大学生的人生观、世界观和价值观正处在最后定型的时间点,如果不在这个阶段对大学生进行最后的引导,那么在大学生踏上社会的舞台或者之前,就会出现影响社会稳定的不和谐因素。大学生非常容易受到物质的引诱,同时也喜欢在网络上发泄自己的郁闷之情,在这个过程中,如果大学生受到不良网络信息的影响,就可能会走上违法犯罪的道路;同时,目前网络犯罪伴随着不良信息的持续发酵而进行了转型,由最开始的技术型犯罪转向大众型犯罪,对社会造成了越来越严重的危害。

4. 学校法制教育方式落后、形式单一、师资薄弱

目前来说,我国的高等教育机构中普遍对于法制教育存在不重视的情况。法制教育的教材依然沿用了多年前的教材,已经不适应现代社会的情况。教学的方式较为单一,一般多为教室授课,缺乏参与性,也无法调动学生的积极性。专业技能人才不足,法制教育课一般都由学校的政治老师兼职担任,缺乏专业性的技术能力和水平,学生正确的权利义务意识也尚未得到全面培养,反倒常表现出轻权利、重义务倾向,更没有结合新媒体时代的环境进行教学。另外,高校目前所设各类课程中除《思想道德修养与法律基础》外,涉法的公共课程近乎为零。现实中有不少大学生已然着手实施网络犯罪行为,自己却浑然不知。填鸭式的知识灌输又是其惯常的培养模式,大学生法律意识、法治观念的养成并不受重视。

三、新媒体背景下大学生法治意识教育的路径

通过发挥新媒体的正面效应,从媒体的先进性、便捷性等方面入手,利用新媒

体渠道搭建专门舞台,借助新媒体的网络监督等方式来开辟针对大学生的法制教育平台,从而开启新时期大学生法制教育的新思路。

(一)媒体平台内的大学生法制意识教育

结合依法治国的教育主题,高等教育机构可以通过打造全方位、立体化的法制教育平台开展大学生法制意识培养。利用大学论坛、百度贴吧、微信公众号、QQ群等,定时推送法制意识教育信息、搜集法治意识教育理论知识和典型案例创办形式多样、内容丰富的主题教育网站等,让原本枯燥无味的法制教育融入到大学生喜闻乐见的多媒体交流渠道之中,让大学生乐于接受这种宣传和教育的形式。结合日常课堂中的法制教育,将新媒体作为课堂教育的延伸和补充,使得虚拟和现实教育融为一体,充分发挥新媒体的优势和特性,让大学生的法制教育成为数字化和网络化的教学模式先导。同时,要充分利用新媒体传播渠道的优势,营造一种积极向上的法制教育宣传氛围,通过各具特色的活动来调动大学生的积极性,使其参与到积极学习、认真推广的积极分子中来。

(二)强化新媒体对大学生的法制教育

要通过新媒体对大学生开展法制教育,首先要强化法制教育队伍的建设,要从新媒体着手,为大学生法制教育的开展打好基础。作为高等教育机构的教师,要给自身提出更加严格的要求,不仅要具有高度的法制意识,同时还要跟上时代发展的脚步,能够熟练地掌握新媒体技术,认真研究新媒体与法制教育的结合点,既充分发挥新媒体的特性和优势,又要严格执行法制教育的各项要求。老师要积极地与学生进行互动,建立无障碍的沟通联系,及时解答学生提出的困惑和不解。作为教育者,其所具有的新媒体素养不仅仅局限在与法制教育相关的内容之中,还要体现在对相关信息的鉴别、筛选、评价和引导之上。在日常的法制教育培训的过程中,除了专业技能的培养,还要对法制教育的教师进行新媒体运用的培训,同时吸收一部分热衷于法制教育和新媒体融合的学生代表加入进来,以他们作为学生群体中的突破点,发挥辐射和带动作用,使得更多的大学生提升自身的法制意识和法治水平。

(三)健全新媒体监管开展大学生法治意识教育

大学生的法制意识教育需要新媒体的监管。当前随着改革开放的不断深入和政治、经济体制改革的大胆尝试,大量的西方思想和价值文化体系开始进入到国内,与我国的主流社会思潮进行碰撞,在这个过程中,大学生作为互联网的活跃用户不可避免地受到这种碰撞的影响。为了确保大学生的身心健康成长,就必须从学校以及媒体方面建立一整套信息的监督和审核机制,切实为大学生的健康成长提供良好的政治和文化环境。政府方面要不断加强我国新媒体的政策监管,加强对于信息传播渠道的合理管制,对违法信息和不良信息的处理保持高压态势,净化新媒体的环境。同时,在高等教育机构,也要加强监督和管理,并设立专门的监管机构,组建校园互联网信息的管理队伍,通过校园网的网关管理,及时清理和过滤不利于社会主义法治建设的信息,使得大学生能够接触到一个权威、公正和客观的互联网信息传播渠道,从而真正的从法制教育中获得感悟,并指导自己的法制实践,有力监管大学生法治意识教育。

参考文献

[1]白婧:《大学生法治观的基本特征及其教育引导研究》,天津商业大学硕士学位论文,2015年。

[2]张斯琴:《社会主义核心价值观视角下的大学生法治观调查与对策研究》,内蒙古师范大学硕士学位论文,2015年。

[3]朱国良:《在大学生中积极推进法治宣传教育的若干思考》,载《思想理论教育导刊》,2015年第2期。

[4]彭榆琴:《当代大学生法治意识培养新路径——法治教育范式主体间性转向》,载《中国大学生就业》,2012年第4期。

[5]杨伟荣:《具有系统性的充实的法治教育是大学生思想政治教育的应有之义》,载《现代教育科学》,2009年第5期。

[6]周洁:《微博对大学生公民意识的影响及教育对策的研究》,浙江师范大学硕士学位论文,2014年。

高校学习型辅导员队伍建设的机制探讨

东北石油大学　马立敏　胡绍君

目前,国内外政治、经济形势对高校辅导员队伍的建设和作用发挥提出了更高的要求和挑战。新时期高校学生工作应该怎样改进和发展? 辅导员队伍该如何建设和发展? 这是每所高校需要面对的问题。学习型组织理论是 20 世纪 90 年代以来,在管理学领域逐步发展起来的一种全新的管理理念,学习型辅导员队伍的理论基础就是学习型组织理论,它是伴随着学习型社会和学习型政党战略提出的,具有十分重要的理论与实践意义。

一、高校学习型辅导员队伍建设的目标与内容

（一）实现高校辅导员队伍的职业化

职业化是指某种职业的专业化,是某种职业经过实践,总结经验进而获得的工作标准,形成了本职业的规范制度和完整的组织机构与组织体系。职业化是专业化的组成部分,是专业化的推动力量和基础。一般来说,高校辅导员的"职业化"包括三个层次的含义:第一,辅导员必须经过一系列专业培训,知识和技能水平达到辅导员职业条件并满足职业要求。第二,辅导员队伍应建立共同的职业价值准则和职业道德规范,具备较强的专业精神和职业素养,有一致认同的职业文化和职业伦理。第三,高校辅导员应逐步提升职业地位,形成结构合理、数量稳定的职业队伍,绝大多数从业者愿意把该职业作为终生事业,并为之不断奋斗。

（二）实现辅导员队伍建设的专业化

辅导员职业化是专业化的基础,专业化则是职业化发展的高级阶段,有助于高校辅导员职业的稳定。专业具有以下几个属性:一是专业是一种职业,一般需要从事人员的全身心的投入,是一种正式的职业;二是专业包含专门的知识和技术,这种知识和技术应该比较成熟,形成自己的体系;三是这种专门的知识和技术

不是生而得之的,而是需要通过培训和教育得来。而"专业化"则是一个动态的过程,是指经过专业培训的人员专门从事某种工作,并在工作中不断学习积累,从而获得提高。

(三)实现辅导员队伍建设的专家化

高校学习型辅导员队伍建设的最终目标是实现辅导员的专家化。从微观和宏观两个层次来看,高校辅导员的专家化应该包括辅导员个体的专家化和队伍整体的专家化。辅导员个体的"专家化",是指辅导员个体通过接受专业培养与训练,掌握辅导员必备的专业知识与技能,不断提升内在修养,并以对本职工作的热爱、创新和研究,获得应有的社会地位和学术地位。辅导员队伍的"专家化",是指辅导员队伍通过专业化管理、专业化考核、专业化建设,不断推进专业组织和专业道德发展,日益体现出专业特性,发挥其他职业所无法替代的社会功能。

二、高校学习型辅导员队伍建设的推进机制

(一)创新辅导员选聘制度

辅导员的选聘制度是建设学习型辅导员队伍首先要考虑的问题,严把入口关,对辅导员队伍日后的管理、建设具有重要意义。首先,实行严格的高校辅导员入职资格审查制度。根据高校辅导员职业特点和工作的特殊要求,高校辅导员资格准入制度应重视应聘者的学历水平,但更应重视专业背景和相关实践经验,根据工作需要,应该重点从思想政治教育、管理学、教育学、心理学、伦理学、社会学等具有文科专业背景的应聘者中选拔。其次,建议实行辅导员资格认证制度。高校辅导员资格考试可以由劳动部和教育部共同组织发起,把取得高校辅导员资格证书作为各高校辅导员岗位应聘的条件之一。

(二)创新辅导员职业培训制度

高校辅导员队伍培训模式应该多样化,按照"分层次、多形式"的原则,坚持在教育部思政司领导组织的前提下,建立全国、省市和高校三级层次的培训模式,其重点应该放在省市和高校这两级层次上。对辅导员进行培训应不断提升辅导员队伍的政治素质、理论水平和解决实际问题的能力,重点加强辅导员的思想政治工作水平,加强思想政治工作方法、心理健康教育和职业发展指导等方面的培训。根据培训传授的内容和对象,应该采取更多灵活生动、富有吸引力的培训方法,加强辅导员之间的交流学习。

(三)创新辅导员考核评价制度

高校在制定辅导员评价考核标准时,要结合辅导员工作的特点,由专门机构

的专业人员来制定科学合理、易于操作的工作考核制度。考核内容重点考查高校辅导员的思想政治素质、理论政策水平、工作能力、工作业绩、完成工作目标等情况。考核标准应该具体明确、切实可行。一方面,根据辅导员队伍整体科研能力的状况,可以对辅导员科研能力的考核标准参照专业课教师标准适度降低;另一方面,根据学生工作事务性强、工作任务繁杂的特点,对辅导员工作成绩的考核标准适度提高,增加工作业绩在整体考核中的比重。

(四)建立辅导员学习的保障和激励制度

在创建学习型辅导员队伍过程中,必须加强相关制度建设,激励和规范辅导员的学习行为。学习型辅导员创建之初,并不是每个辅导员都能积极主动地参加学习,必须建立健全学习的保障和激励制度。激励方式有许多,大体分为物质激励、精神激励和发展激励。物质激励主要指利益分配方面,包括酬金、津贴、奖金等物质方面的满足;精神激励主要指给优秀辅导员授予的各种荣誉称号,如优秀思想政治辅导员、优秀教师、德育工作先进个人等;发展激励主要指提供事业发展、个人发展机会的激励,如提供各种专业培训、攻读更高学位的机会,承担相关教学任务和科研项目的机会等。

高校思想政治工作中的诚信教育

东北石油大学马克思主义学院　苏丹

十八届三中全会《关于全面深化改革若干重大问题的决定》提出："全面贯彻党的教育方针,坚持立德树人,加强社会主义核心价值体系教育,完善中华优秀传统文化教育,形成爱学习、爱劳动、爱祖国活动的有效形式和长效机制,增强学生社会责任感、创新精神、实践能力。"这是党的新一代领导集体提出的新时期教育的基本纲领,一个最突出的特点是把"立德树人"放在首要地位。诚信教育是立德树人的基础,高校的思想政治工作必须正确认识诚信教育的地位,并科学地理解诚信教育的内涵。

一、诚信教育是价值观教育

诚信是一种道德价值的选择。道德价值是精神价值,它是应然性的,而不是实然性的,并不直接指向对象性的需求;道德价值又是理想价值,它是目标性的,而不是手段性的。它规范人际关系和个体行为的方向,并规定了人的实践行为的性质和方式。诚信体现为可预期的责任承诺,是交往关系和社会生活中信任或信赖的基础。对大学生的诚信教育与建设整个社会的诚信不同,它是个体道德人格的培养,目标是引导大学生按照诚信的道德原则和伦理标准进行自我修养,形成稳定的心理倾向,以之判断是非,规范行动,调整关系,选择方向。

从当代大学生的总体价值取向说,诚信教育首先应指向宏观的诚信,即社会主义核心价值观的首要规范——爱国、敬业。

诚信作为社会主义核心价值观是爱国、敬业的道德根基。爱国是对自己祖国怀有真诚的信念,于今而论就是对中国梦的信赖、信服和信心,具体说就是对走中国道路,弘扬中国精神,凝聚中国力量的必要性、可能性和现实性的深刻理解、诚意服膺和衷心信仰。《中庸》上说:"不诚无物",不真心诚意地了解、尊重和信任自己祖国的历史、人民、命运和前途,就会使作为一个当代中国青年的立足点彻底塌陷。要教育大学生认清个人与国家的关系:祖国是我们文明的摇篮,祖国是我们安全的保障,祖国是我们未来的希望,祖国是我们生命的根基。要用国家兴亡的历史教训警诫青年一代,"国破家亡,覆巢之下无完卵,皮之不存,毛将焉附",国家国家,没有国哪有家。从和国家的关系说,诚信就是对国家所做的责任承诺。对这一庄严承诺守信,是出自一种国家情怀、民族情怀、人民情怀,所谓耿耿丹心,一片赤诚。

当下青年大学生,普遍地满怀爱国热情,对祖国历史的文明之光和当代国家的盛世之威,充满自豪。老一代学子负笈出洋,胸怀振兴中华的远大理想,在国家危亡之际毅然回国,甚至舍生取义,血染沙场;也有的抛弃优厚的待遇和业务上的优越条件,冲破重重阻力,冒着生命危险,回到一穷二白的祖国,以身许国,把青春和生命全部献给国家的现代化事业。

"天下兴亡,匹夫有责",责就是对国家和社会应负的责任。2013 年 8 月 21 日习近平总书记在全国宣传思想工作会议的讲话中,对此做过深刻的解释:"守土有责,守土负责,守土尽责。"杨叔子对这一解释进一步阐发说:"概括地说,这个'土',就是国,这个'守',就是爱。"爱国和敬业不可分,爱国是崇德,是做人;敬业是扬才,是做事。"'德才兼备,以德为先',这就是讲,要以德(做人)统率才(做事),激活才(做事);以才体现德(做人),强化德(做人)。"[1]敬业之敬,就是对所从事的职业满怀诚敬之心,其道德基础是职业诚信,属于职业道德的范畴。职业道德是同人们的职业活动紧密相关的具有职业特征的道德规范和准则,其核心就是忠于职守,亦即信守对所从事的职业应尽的责任,兑现接受职务时所做的承诺,不能违约失职。职业诚信首先是信守职业理想,在社会主义中国,从职就业虽然也有谋生和自我发展的个人目标,但任何岗位的基本宗旨都是为人民服务,对人民负责,这是忠于职守的最本真的含义。其次是职业态度,也就是劳动态度和工作态度。各个岗位上的从业者工作心态从根本上说是受价值观的支配,为国家为社会作出贡献、为正当的理想目标做出业绩和为养家糊口或博取金钱权位,不同的价值取向最终决定了对职业的忠诚度,或勤勤恳恳、脚踏实地、殚精竭虑、精益求精,或敷衍塞责、虚与委蛇、投机取巧、玩忽职守。大学生的敬业教育是为他们走上职场预热作准备,如果在求学期间不能在学习生活中坚守诚信的底线,弄虚作假,欺瞒行骗,就会带着一颗扭曲的心灵走上职业岗位,就业以后,要使他们在艰苦的职业生涯中重新端正人生态度,再建职业诚信,将会十分困难。所以,放弃诚信教育是学校思想政治工作的失职。

二、诚信教育是世界观和人生观教育

大学生的素质教育坐标大体上可以概括为德、学、才、识四个象限。其中德是人生智慧,指价值取向、道德情操、社会立场;才是天赋智慧,指个人禀赋、性格特征、心理倾向;识是反思智慧,指思维方式、思辨能力、思想方法;而学则是后天获取的信息、习得的知识、掌握的技能等。智慧高于知识,英国哲学家罗素说:"我认为较高等的教育并不仅仅是在于尽可能以增添知识为方针,而必须是以增添智慧为方针。"[2]

诚信教育之所以是德育的基础,因为它的本质是世界观教育。陶行知说:"千教万教教人求真,千学万学学做真人。"诚信的本质是求真,这是大学生素质教育的重心。如前所述,诚信的认识论根据是双重的真。客观的真,对客观世界的如实反映,相信真理;主观的真,对主观世界的正确认识,诚恳坦白。作弊造假,伪造事实,颠倒黑白,谣言惑众,是对客观真理的玷污;矫饰伪装,虚情假意,自吹自擂,篡改履历,是对真实人格的扭曲。按照马克思主义认识论,真理是认识主体对认识对象(包括自身)及其规律的正确反映,捏造事实和歪曲真相从道德上说就是违背了诚信规范。所以,诚信就是信实,是建立在反映论基础之上的唯物主义世界观,是马克思主义真理论的道德实践。

诚信教育作为世界观教育和人生观教育是统一的。科学的真与道德的善是统一的,只有胸怀坦荡、志存高远、勇于献身、不苟私利的人,才能成为真理的卫士和斗士。有的人在功利主义动机驱使下,也可能在一定时期、一些问题上,做出某些成绩。但这样的人成就终归有限:或者面对难以克服的困难和需要做出重大牺牲的选择时,退避三舍,半途而废;或者在更大利益诱惑面前见异思迁,唯利是图;或者弄奸耍滑,走上邪路。马克思说:"为自己家园而奋斗的讲求功利的智力,跟不顾自己的家园为正义事业而斗争的自由的智力当然是不同的。"[3]自由智力的求真与献身正义的向善有着内在的契合,为真理而牺牲一切,从而冲破一切牢笼,获得内心自由,这是创造力迸发的真正源头。所以,必须把诚信教育和理想教育、人生意义的教育结合起来,才能使诚信成为大学生自觉遵守的行为准则。爱因斯坦说得好:"学校的目标应当是培养有独立行动和独立思考的个人,不过他们要把为社会服务看作是自己人生的最高目的。"[4]

三、诚信教育是道德人格养成

人格,Personality,心理学上定义为人的个性,即个体所具有的各项重要的和持久的心理特征的总和,包括气质、能力、兴趣和性格等。西方哲学一般认为人格是人所具有的精神特质,是人的自我意识、主观意志、内在目的性等个体化的特性。西方伦理学则把人格规定为个人的尊严、价值和道德品格的总和,是社会人的资格和品格的综合特征。按照马克思主义的观点,人格本质是人的社会存在,是人的社会实际状况的综合反映,表现为个体对自己社会地位和状况的理解以及由此产生的尊严、责任、价值取向和精神品格。

虽然必须结合价值观和世界观教育才能为遵守诚信规范打下坚实的基础,但作为道德信仰和道德行为的诚信是人格特质的一个重要方面。人格素质的存在形态和它的理论基础不同:不是概念的,而是领悟的;不是思辨的,而是行为的。诚信作为人的道德操守,属于康德所说的实践理性的范畴,它是作为一种心理倾向,一种行为习惯,一种内在良知,在人的精神生活和交往实践中,缄默地而又持续地发生作用。如果同意苏格拉底的说法"美德是一种知识",那么诚信就不是明显知识(explicit knowledge),而是意会知识(tacit knowledge)。

诚信的形成是透过环境耳濡目染、潜移默化、磨合陶冶的过程。由于市场经济对日常生活和人际关系的冲击,功利主义思潮在社会活动的各个方面广泛渗透,在新旧思想更迭的社会转型期,大学生群体的人格尚未确立,各种诱惑纷至沓来,心理不稳定,自我意识不强,造成"生命中不可承受之轻"。于是,在他们的过渡性人格中,就很容易受利己、抑郁、空虚、放纵、焦虑、自闭、逆反等消极社会心理的影响,造成缺陷性人格,成为对当下高等学校政治思想工作的严重挑战。

人格素质培养是高校大学生政治思想教育工作的核心内容,也是其根本目标。但是,在当前高校政治思想工作中,往往把人格教育混同为一般的政治理论教育和思想品德教育,以政治宣传和理论讲授代替素质培育。通过语言解读价值观、世界观和人生观,是在大学生中树立正确诚信观的基础性工作,但却不是引导他们树立诚信人格的过程本身。爱因斯坦认为,学校教育的理想目标是"发展青年人中那些有益于公共福利的品质和才能",他接着问道:"但是人们应当怎样努力达到这种理想呢?"他自己回答说:"是不是要用道德说教来实现这个目标呢?完全不是。言词永远是空洞的,而且通向地狱的道路总是伴随着理想的空谈。但是人格绝不是靠所听到和所说出的言语,而是靠劳动和行动来形成的。"[4]他说的真是好极了。

诚信教育是养成教育。养成教育,英语是 cultivated education,cultivate 和文化 (culture)都来自拉丁词根 cultura,本义是栽培、培育。诚信首先是一种内心的责任诉求,是从内在良知生发出的强烈责任感,养成式的诚信教育是根据青年成长的自然规律,由内及外的启发和引导,调动主体的积极性和主动性,使为人以诚成为自觉意识。养成与技艺规训不同,是引导教化的逐渐塑型过程,"随风潜入夜,润物细无声。"榜样的力量是无穷的,不能乏范可师,心灵上的互通和感悟,行为上的追随和效仿,久之蔚然成风,诚信就会成为自然的心理倾向和行为习惯了。养成教育与流行的规制教育不同,不是程序化、格式化、批量化的,而是个性化、动态化、情境化的。以诚信的养成教育说,不同的学生由于家庭、经历、境遇、遭际、性格的差异,对社会和人际关系的信任度各不相同,对诚信的认识千差万别,每个人都有自己特殊的诚信障碍。这就必须对典型人物进行个案分析,探索一般规律,并对不同个体具体问题具体分析,在解决实际问题、消除实际障碍方面下功夫,以点带面,推动整个大学生群体的诚信意识健康发展。

和整个道德教育一样,诚信教育也可以分为三个层次:最低层次是社会公德—伦理秩序,是普遍的人际信任和社会共识,是公民必须遵守的基本诚信规范,如尊老爱幼,遵守秩序,保护环境,爱护公物,拾金不昧等等;中间层次是个人美德—人格完善,这是人生境界的提升,是个体诚信人格的完美实现,提高了社会诚信的平均水平,是对底线伦理的超越,如公而忘私,仗义疏财,以身殉职,舍己救人等等;最高层次是国家目标—道德理想,这是社会主义核心价值观的完整体现,是中国特色社会主义精神文明的理想目标,最大的诚信共识就是对中国特色社会主义的理论自信、道路自信、文化自信和制度自信。

参考文献

[1]杨叔子:《对加强社会主义核心价值体系教育的一点理解》,载《高等教育研究》,2014 年第 4 期。

[2][英]罗素:《罗素文选》,国际文化出版公司,1987 年版。

[3][德]马克思、恩格斯:《马克思恩格斯全集(第 1 卷)》,中共中央编译局译,人民出版社 2006 年版。

[4][美]爱因斯坦:《爱因斯坦文集(第 3 卷)》,许良英、李宝恒等译,商务印书馆,2009 年版。

高校学术诚信现状及建设路径研究

东北石油大学艺术学院　　林庆华

目前,我国正面临着各个行业的诚信危机,诚信问题已成为各行业及各领域的突出问题,得到各界人士的广泛关注。学术诚信是其中重要的一方面,高校作为学术研究及成果推出的重要阵地,更是急需提高学术诚信度,我国首次由教育部发布的《高等学校哲学社会科学研究学术规范(试行)》,也是针对高校的。为此本文通过研究高校学术诚信现状,从现象看本质,探究其根源,研究其对策,以使高校的学术诚信成为一种新常态,形成良性循环,这对建立我国及世界的科学研究健康发展的生态环境都具有非常重要的战略意义。

一、学术诚信内涵及表现

(一)学术诚信的内涵

学术诚信即学生对待科学要讲求"诚",对待其他研究者及其劳动成果要讲求"信",学生研究学问时要求"真"——追求真理,尊重客观事实,不媚俗、不空谈、不编造数据、不捏造事实,对其他研究者及其科研成果要讲求信用及信誉,研究者之间要互相信任、互相学习、团结合作,不能搞学术垄断和学术霸权,要尊重他人的劳动成果,引用了他人的观点和资料就要表明出处,这也是对读者的尊重和讲求信用及信誉的表现。诚实守信是学术最基本的科学素养和最重要的学术行为准则。

(二)学术不端的表现

学术诚信缺失所表现的行为即为学术不端,在2009年教育部发布的《教育部关于严肃处理高等学校学术不端行为的通知》中有对于学术不端的具体描述:

抄袭、剽窃、侵吞他人学术成果;篡改他人学术成果;伪造或者篡改数据、文献,捏造事实;伪造注释;未参加创作,在他人学术成果上署名;未经他人许可,不当使用他人署名;其他学术不端行为。

二、高校学术诚信缺失的现状

高校作为学术科研的重要单位,受社会大环境以及学术及职称评价等方面的影响,高校学术诚信现状不容乐观,究其原因为以下几个方面:

(一)科技发展与人的惰性的矛盾

计算机的普及、网络的发展以及信息化的飞速进步,使整个社会都面临一次洗礼,空前的资源共享,给人们带来了不可估量的方便与快捷。这使学术界也经历了一次信息化的革命,令原来埋头于各种实验室、图书馆、阅览室、档案室及田野调查等无数次采集学术信息与资料的学者们,轻点几下鼠标就能替代一切奔波、一切实验及查文献的工作。这种时代的进步无疑极大地促进了科学研究的进步,但带给人更大的惰性与侥幸心理也是毋庸置疑的,客观上确实为学术不诚信的投机提供了便利。

(二)评价标准与学术质量的矛盾

现在更多的高校在评聘职称时更多的采取定量评价的方法,出现重数量轻质量或以数量代替质量的现象。有的院校的评职条件中明确要求申报职称教师的论文及著作的数量及字数等作为评价的标准;有的院校或部门将成果的被引用频次及转载频次,或是用被评价者引用字数等来作为评价的标准。

这些评价标准将会导致一些高校教师不得不以快出成果、多出成果为目标,并找相关行业的教师、学生多引用、多转载自己的"成果",不断追求论文及著作的数量,而忽视了学术的质量,这样短平快出来的论文经不起推敲,算不得精品,久而久之,造成学者不能潜心学问,不思进取,粗制滥造,有的甚至为了多发论文而不惜抄袭、剽窃他人成果。

(三)学术管理与监督机制的矛盾

目前,我国对学术进行监督与管理有两种方式:行政方式与非行政方式。行政方式是由政府确定的学术评定委员会对各研究项目、活动及成果进行考核与评审,这种方式由于权力的过于集中使学术价值并不能得到很好的体现,极易产生官僚作风,而造成学术诚信的缺失。非行政方式是科技期刊的监督与审查,科技期刊没有制度与体制的保障,只能处在有心无力的状态下,局限在小范围内对学术失信者给予相应的警告与惩处,无法从根本上预防和杜绝学术失信行为。

三、国外学术诚信的经验

对于学术诚信,我们不妨对照一下国外的做法与各项机制,从以下几个方面进行借鉴:

(一)建立有效的社会诚信机制

在国外,学术信誉是每一位学者的生命,违背学术诚信的人是没有立足之地的。这里参照美国的学术诚信体系建设,美国首先从整个社会的诚信机制下监督每个人的言行。其次,从各种证件的取得上规定的非常严格。每个人的诚信出现污点在整个系统中都是有记载可以查证的,违背学术诚信的人在美国大学和社会较难容身。再次,美国联邦政府各主管部门以及各基金会在审批科研经费和项目基金时,除考查学术能力外,重点把关的是申请人的学术信誉。

(二)构建完整的学术诚信防治体系

目前,许多国家已针对学术诚信问题出台了各自的规章制度,并设立了专门的防治学术不端行为的管理机构。

1. 政策规定

例如韩国科技部出台了《关于国家研发事业中确保研究伦理及真实性的准则》;德国马普学会发表了《关于处理涉嫌学术不诚信行为的规定》;美国颁布了一项纲领性政策《关于科研不诚信行为的联邦政策》,对发现的不正当研究行为各相关机构及职责均给出了具体的定义和规定等。

2. 监督机构

世界各国均以在大学中防治学术缺失行为作为工作重点,可见国外对于高校学术诚信的重视程度。例如,丹麦成立了官方的丹麦学术不端委员会,主要负责处理非常重要的学术不端事件,拥有一套严格的法律法规,其模式已成为其他北欧国家的学习范本。

四、加强高校学术诚信建设的路径

经过对我国高校学术失信原因的分析,以及对国外学术诚信建设体系的借鉴,通过分析比较总结出一套适合我国国情的学术诚信保障体系建设的方案,并且从各个方面加以建设完善。

(一)搭建网上公开学术成果平台

网络信息时代,其快捷与方便虽能导致人不劳而获的惰性,但也可以利用它制约各种学术不端行为,可以利用网络建立和完善学术的信用制度。在网上建立完整的学术诚信档案,从论文到专著到项目。让每个人的研究成果公之于众,使这样一个在线数据库成为管理及审批机构的依据,成为各位学者的展示平台及自我约束平台,实现我国学术诚信体系管理和监督的标准化、信息化和数据化。有了这样的平台,每个人的行为都在社会的监督下,每个人也将更加珍惜自己的学术声誉。

(二)明确各学科学术规范

要加强学术诚信建设,就要对不同学科分别建立学术规范,避免"一刀切"。当务之急就是要出台一个明确的学术论文写作规范。学术规范的制定应与《中国高等学校自然科学学报编排规范》《中国高等学校社会科学学报编排规范》等要求一致,根据不同学科的特点和要求,使制定的学科规范具有更强的针对性和实效性。

(三)构建科学合理的评价体系

解决中国学术评价的重点,要充分尊重人才成长和学术发展的规律,把行政权力与学术评价分离,并把建立的分类评价和质量导向考核机制作为重中之重。2014年,"科研评价改革"无疑是国内高校科研领域最"火"的词汇之一。从中央到地方相继研究出台了加快建立科学合理的高校科研分类评价体系相关政策,在地方层面,截至2014年10月,高校科技评价改革的三个试点地区(北京、上海、广东)均提出主要实现以科研质量为导向建立分类考核体系和科研成果的多元化评价体系,积极推进"同行评议""第三方评价"和"国际评价"等评价方法,高校科研仅以论文数量论英雄的时代有望成为历史。

(四)加大对学术失信行为的管理力度

学术失信之所以会发生,原因之一就是学术失信所付出的代价。当前,要务必加强对学术失信行为的管理力度。让失信者从声誉到利益都付出相应的代价,整个学术界应对学术不端行为保持零容忍,一经查实、绝不姑息。对那些已被证实的影响严重的学术失信行为要进行公开处理,通过正式和透明的制度化程序予以解决。

(五)加强学术诚信思想教育

1. 法律意识教育

加强学术诚信教育。某些研究者法律意识淡薄,心存侥幸,认为官不举民不究即万事大吉,并没有意识到问题的严重性,加强对相关法律的学习是非常必要的,例如《著作权法》和《专利法》等。通过研究者法律意识的增强,起到了用法律的强制力和威慑力来制止学术失信现象的发生。

2. 内在约束教育

学术诚信缺失其内在的原因,即研究者自身的道德素养不高,缺乏学术道德。"立言先立德,立文先立人。"为此,研究者对待学术要树立正确的态度,从被动到主动的遵守学术诚信,珍视自己的学术声誉。

重建学术诚信的威严不仅仅是学界自身的问题,也是整个社会的责任,知识分子是社会的良心,更应该以身作则成为社会文化和社会风气的引领者。唯有建设学术诚信,坚守学术道德,才能以学术诚信夯实中国梦的基础。让学术诚信成为一股强大的道德正能量,带动全社会的诚信建设,使我们的社会早日成为和谐、美好的家园。

参考文献

[1]教育部:《教育部关于严肃处理高等学校学术不端行为的通知》(教社科〔2009〕3号文件),2009年3月19日。

[2]黄文华、吴一迁、张俊彦等:《国外科研诚信体系建设对我国科技期刊出版诚信体系建设的启示》,载《学报编辑论丛》,2013年。

[3]杨艳:《美国高校学术诚信制度建设研究及启示》,首都师范大学硕士学位论文,2011年。

[4]汤曾:《浅议学术诚信》,载《广西社会科学》,2004年第3期。

[5]石新中:《学术评价、学术期刊与诚信制度》,载《首都师范大学学报》(社会科学版),2012年第3期。

把握"六个重点",全面提高心理健康教育水平

东北石油大学心理健康教育中心

心理健康教育是大学生思想政治教育的重要组成部分,是全面推进大学生综合素质的重要手段。东北石油大学党委高度重视大学生心理健康工作,把握六个重点,全面提高我校大学生心理健康教育的整体水平,取得了很好的效果。

一是把握心理健康知识普及的重点,在全校学生中开设"大学生心理健康教育"必修课和"大学生心理学"选修课,同时每学期举办讲座十余场次。把维护心理健康教育的知识普及到每个学生的头脑中。

二是把握新生心理问题筛查的重点,建立全校学生的心理健康档案。学校每年面向全体新生开展心理健康普查并对普查结果进行分析,以此为基础建立全校学生心理健康档案,重点关注有心理问题倾向的学生,有针对性地开展工作,有效地避免了一些恶性事件的发生。

三是把握学生心理问题疏导重点,积极开展个体咨询和团体辅导。目前,我校周一至周五每天个体咨询室都面向全校学生开放,心理咨询室安排专职教师值班,负责接待学生个体咨询。我们还把心理咨询教师的QQ号和办公电话向全校学生公布,方便学生在线咨询。另外,从2014年开始,心理健康教育中心组织专兼职心理健康教师开展"周末团体辅导"。活动内容主要涉及学习动力、人际交往、情绪、恋爱、压力管理、新生适应性、成长性问题等,每学期都举办16场团体辅导,活动通过"东油人"和"东北石油大学俱乐部"微信公众平台、人人网、海报等多种途径面向全校招募成员,采用学生自愿报名的形式进行,及时并有针对性地疏导学生面临的心理困扰。

四是把握"机制建设"这一重点,完善心理健康三级保健网。我校建立了心理

健康教育三级保健网,形成了校级心理健康教育中心、二级学院心理辅导员、班级心理委员三级保健网络系统。为了保证三级保健网发挥有效的作用,心理健康教育中心每年定期给心理健康专兼职教师开展专业培训、案例研讨等,不断提升心理健康教师队伍专业化水平。每学期我们都会针对全校各班级的心理委员开展专题培训,增加他们的专业知识,提高工作能力和水平。各二级学院会按照要求定期进行各年级的心理危机排查工作,年级辅导员随时记录并处理特殊学生的问题,心理咨询中心会在必要的情况下适时介入心理咨询和心理干预。三级保健网的建立让我们把对学生心理问题的关注触角深入到了学生生活的最小单元,在化解学生心理危机方面发挥着十分重要的作用。

五是把握"活动载体"这个重点,形成心理健康教育活动品牌。从2004年起,历时12年,我们打造了"5·25大学生心理健康宣传月"这个活动品牌。每年用一个月的时间开展心理影片展播、心理健康讲座、心理知识竞赛、趣味心理运动会、心理征文及演讲比赛、校园心理剧大赛、"聆听心灵的声音"PPT创意大赛等一系列活动。通过这些活动引发学生对自身心理健康水平的关注和主动调适。12年来,这项品牌活动广受学生欢迎,每年都会有几千名学生参加到活动中来,在全学校学生中掀起"关注自我、关爱健康"的广泛讨论。

六是把握新生入学教育契机这一重点,发挥心理健康教育在新生校园适应上的积极作用,为他们的大学生活做好心理准备。

为了使新生尽快地适应大学生活,消除对校园、同学之间的陌生感,增强班级凝聚力,大学生心理健康教育中心在新生入学期间,开展覆盖全校新生的心理素质拓展训练。每年心理咨询中心都组织全校30余名心理辅导员做心理素质拓展课程和体验式培训,熟悉整个素质拓展训练的内容、技术要领、注意的问题,然后深入到所有新生班开展素质拓展训练。三年来,这项工作收到了非常满意的效果,为新生走好大学第一步打下了坚实基础。

新生同学反馈,通过参与这些活动项目,我们体验到了团队的力量和与人交往的快乐,活动使他们班级同学很快熟悉起来了,班级凝聚力提升了,同学们之间不再那么拘谨了。有些外地学生说,这个活动让他们极大地减少了对环境的陌生感和不适应;也有同学说,刚刚离开家,离开父母,内心的孤独、恐惧、不安,通过这个活动都烟消云散,对学校顿时有了归属感。

学校在心理健康教育工作上的努力得到了上级部门和领导部门的肯定,我校心理健康教育中心多次荣获了"黑龙江省高校心理健康教育工作先进集体"荣誉称号。

以共青团工作加强大学生心理社团的建设与管理

东北石油大学　苍留松

《关于进一步加强和改进大学生心理健康教育的意见》规定,进一步加强和改进大学生心理健康教育的基本原则包括,坚持心理健康教育与思想教育相结合,坚持普及教育与个别咨询相结合,坚持课堂教育与课外活动相结合,坚持教育与自我教育相结合,坚持解决心理问题与解决实际问题相结合。这一规定与高校共青团工作和大学生思想政治教育的原则、目标和方法非常统一,尤其体现了共青团工作的特色:发挥学生的主体地位,以丰富的课外活动为载体开展思想教育,提高学生素质,切实为大学生成长成才提供帮助。大学生社团是高校共青团开展思想教育、丰富校园文化、助力学生成长的良好途径。因此,从高校共青团工作的视角,以社团为载体开展心理健康教育具有潜力与可操作性。

一、大学生心理社团概述

大学生心理社团是以心理学兴趣、爱好交流与学习为主要活动的大学生社团,可以由校方组织成立,也可以由感兴趣的学生自发组织成立。由于心理素质、心理健康对大学生成长十分重要,因此,高校对大学生心理健康教育非常重视。同时,心理学知识的专业性较强,学生对社团活动兴趣较高,通过社团开展思想政治教育、心理健康教育的方式也得到了高校的重视,校方组织成立的大学生心理社团在高校中大量存在,作为社团的指导与管理部门,共青团成为高校开展心理健康教育、管理大学生心理社团的重要力量。

二、高校共青团工作与大学生心理社团的关系

一般意义上的大学生社团是建立在学生共同的兴趣基础上,由学生自发组织成立、自主管理的群众性组织。但组建社团必须经过高校的审批,保证社团的宗

旨、活动内容是合法、规范、健康的,是对大学生的成长有益的。同时,社团的活动必须接受校方的监督和考核。共青团是高校引领青年思想、发展青年素质、服务青年成长成才的组织,这一特性使共青团成为高校管理、指导大学生社团的主要力量,负责社团的建设、日常管理和活动指导。由于心理健康教育的特殊性与重要性,高校对大学生心理社团的关注、指导往往更多一些,使得共青团和心理社团的关系更加密切,但心理社团仍然主要由学生自行管理,体现学生在社团活动中的主体地位,保持大学生社团的基本特色,并非简单的行政组织。

三、如何以共青团工作加强大学生心理社团的建设与管理

（一）社团组织机构的设置

一般的大学生社团是学生自发成立的自治组织,在社团机构的设置上没有规定模式,随意性很大,组织机构的设置容易出现不科学、不合理的情况,社团工作的上传、下达和执行情况很不稳定。合理的组织架构是社团发挥功能的基本前提,高校团学组织在设计结构时会考虑工作需要、组织功能和培养学生干部的需要,结构设置比较严密,能保证组织功能齐全,运转流畅。因此,在设计社团组织结构时可以参考团学组织,如学生会、社团联合会、青年志愿者协会等组织的结构,可以把社团机构分为领导层、管理层、会员层,设置必备部门如策划部、外联部、宣传部、秘书处等,覆盖社团活动的策划与组织、对外交流、宣传推广和日常维护,根据心理社团的功能,社团可以考虑设置具有如下功能的部门:第一,沟通协调。负责与学校、各学院心理辅导机构、教师、心理委员定期沟通交流,获取信息;第二,心理现象监控与调研。负责关注校园心理问题多发领域、关注广大学生的心理动向与热点问题等;第三,心理辅导与心理咨询模拟。心理辅导需要专业知识和技能,在社团层面,可以对此进行模拟,起到增强学生的沟通和交流、减轻压力的作用。

（二）社团活动的设计

心理社团的活动形式一般可以分为理论和实践两种,理论活动包括心理知识专题讲座、交流、心理访谈、咨询技能培训等,实践活动的内容更丰富,如模拟心理咨询、心理知识竞赛、创意设计比赛、团体心理辅导、心理游戏等。可以看出,社团的活动模式与共青团活动的模式非常相似,但共青团活动的目的更加明确,即通过活动引领学生的思想方向,提高学生的综合素质,从而为学生的成长提供支持,并非简单的教学、交流、娱乐性活动。心理健康教育是高校素质教育的重要部分,心理素质对大学生的理想信念、意志品质、人格、道德水平等有重要的影响,从引

领学生思想和提高学生素质两方面看,心理健康教育、心理素质培养都有重要的意义。因此,在心理社团的活动设计中可以参考共青团活动的特色,开发社团在思想引导方面的功能,以理想信念教育的思路、要求有侧重地加强某些心理素质的培养。例如,以社会主义核心价值观、中华传统美德、当前社会对大学生的要求等为目标,以培养爱国精神、独立人格、高尚品格、创新精神、抗击压力为方向培养学生的心理素质;结合共青团活动,如文艺、体育类表演、素质拓展训练、青年志愿者服务、社会实践活动等丰富社团活动的形式和内涵,提高吸引力;参考新媒体在当前共青团工作中的广泛应用,以微信、微博等社交平台吸引学生关注社团活动,通过新媒体平台设计线上活动,用学生对网络、移动媒体的兴趣吸引学生参与,提高社团的关注度。

(三)社团的管理

一般大学生社团的日常管理和活动组织由学生负责,校方负责社团建设、活动方向的引导,通过社团指导教师完成。心理社团涉及大学生心理健康教育工作,对学生的学习、生活、成长的影响与一般社团不同。因此,更加需要科学的管理,才能保证社团活动发挥作用。共青团对学生组织的管理制度健全,管理方法比较规范,可以作为借鉴。参照共青团活动的制度建设,可以为社团活动的策划、申报、审批、实施建立完整的制度体系,统一文件格式;对社团的日常工作如会议、汇报、财务等问题建立制度规范;建立主席团——管理层——会员层的工作程序,明确会员的权利与义务;对社团活动的管理建立"计划——实施——总结——备案"的程序;对社团的工作、活动拍摄照片、视频,进行数字化存档和新媒体推广,并打造社团文化和品牌,保证社团的生命力;在管理中注重指导教师在方向上的把握,突出心理社团的特色,采用具有人性化特色的管理模式,更加突出学生的主体地位,营造"公正、平等、团结"的管理模式,增强社团的亲和力。

心理情景剧在校园文化建设中的应用研究

王黎黎

一、心理情景剧的内涵

心理情景剧是受美国心理学家莫雷诺创立的"自发性剧院"的启发应运而生的,心理情景剧作为一种新兴的艺术形式,它将话剧、小品、心理问题融为一体,在大学校园里,学生以自编、自导、自演的形式来解决学习和生活中遇到的心理冲突,整个过程由心理辅导员或心理健康教育中心专任教师进行全程指导,还可以邀请艺术院系的老师进行表演上的专业指导,通过扮演生活情境中的角色,宣泄自己的情绪,处理好人际关系,安抚内心隐秘世界。

二、校园心理剧在校园文化建设中的实践策略

在实施高校文化的实践中,心理情景剧可以非常形象和生动的表达大学生内心的情感,这种表现形式具有沁人心脾的艺术效果,是大学生易于接受的教育方法。

(一)通过心理情景剧的表演提升大学生的自我表达能力和人际沟通能力

高校大学生有这样一种群体,他们在生活中苦于人际交流,不敢说话,不会表达,不懂交往,而心理情景剧的表演,可以让这些孩子通过角色扮演,来演绎生活中的你、我、他,对于提升大学生的自我表达能力有非常大的帮助。在 21 世纪的今天,渴望友谊和收获成功是每个大学生的心愿,正如美国心理学家卡耐基所说,一个人取得成功,15% 是靠专业技能,85% 是靠人际关系和处世技巧。所以拥有一个和谐的人际关系,培养良好的交往能力,有利于大学生个体的智力发展和个性的完善,那么这一切都要从自我表达开始,心理情景剧的诞生,选材于校园生活中的大事小情,将心理问题,通过情景剧的形式和盘托出,让大学生切身的去体会

人与人之间的快乐、悲伤。

（二）通过心理剧的内心表达让大学生更加关注自我心理过程

心理剧的表现形式，就是通过人与人之间的内心独白表达自己真实的感受，宣泄内心丰富情感的过程，这就是心理学中助人自助的模式，能够帮助大学生更深层次的探索自己的情感。大学生正处于生理发育成熟，但是心理发育尚不完善的阶段，很多同学对自己并不了解，通过心理剧的表演，可以帮助大学生对自己的心理得到充分的认知，洞察自己内心的真实感受，激发大学生自我意识和自我反省，通过专注、移情的心理疏导方式来解决学生的心理问题，同时也激发了学生的表演和创作欲望，让学生从中建立自信，这比任何形式的应试教育和灌输教育的效果都好，对于校园文化建设和培养大学生关注自我内心的心理过程都起到了潜移默化的作用。

三、高校应用心理情景剧进行校园文化建设应注意的问题

（一）加强对校园心理剧辅导教师的要求

心理情景剧的表演过程就是一个创造性地解决大学生心理健康问题，帮助大学生成长成才的教育过程。因此，要求指导老师应具备表演、导演、编剧、心理学的特长和专业资格，我们最好从艺术学院选拔具有心理咨询师资格证书的老师，或者从心理健康教研室选拔经过艺术类培训，或有舞台经验或艺术专长的老师，负责对大学生进行专业指导。

（二）丰富校园心理剧题材中的健康人格内容

通过丰富校园心理剧的题材来帮助大学生塑造健全的人格，在选材过程中，不要拘泥于不健康的心理状态，也可以是积极的、正能量的，帮助大学生塑造健康的自我形象，获得自我归属感和价值感，健康的自我形象始于人的健康的心态，使一个人感受到爱和被爱，让大学生知道自己值得被其他人接受，自己很重要，让学生体会生活中有目标的感觉，树立健康人格榜样。

参考文献

［1］刘启刚：《心理剧的理论基础及在大学生心理健康教育中的应用价值》，载《赣南师范学院学报》，2007 年第 1 期。

［2］秦娟：《校园心理剧在学校心理健康教育中的应用研究》，载《中小学心理健康教育》，2008 年第 5 期。

对推进大学文化建设的探索与思考

——在全省高校宣传部长论坛上的发言

东北石油大学党委宣传部部长　张智勇

文化是一所大学的灵魂,是推动大学持续、协调、健康发展的重要软实力。尤其是近几年,国家提出了"文化强国"战略,中央对意识形态工作高度重视,习近平总书记对宣传思想文化工作提出了新要求,在这样的大背景下,高校文化建设面临着新的机遇和挑战。因此,深入思考并积极推进大学文化建设,成为当前高校宣传部门一项重要的政治任务。

一、关于大学文化建设的基本状况

（一）大学文化建设的主要内涵和定位

就其本质来说,大学文化是大学在长期的办学实践中创造、培育和传承而形成的一切物质文化、制度文化、精神文化、行为文化的总和。其中,精神文化是大学文化的核心与灵魂,是大学文化建设的关键;行为文化是大学文化的行为载体,物质文化和制度文化分别是大学文化的基础和保障。

就其地位而言,大学文化是大学的生命线,是一所大学的精髓所在。它蕴含着学校的精神内核和学术传统,凝聚着大学的发展目标、办学理念和价值追求;它是师生员工的精神家园,鼓舞着师生员工团结凝聚、奋发向上的精神风貌;它是社会文化的重要组成部分,在社会文化的健康发展中发挥着重要引领作用。

因此,大学文化建设肩负着引领人类文明进步的崇高使命,如袁贵仁所言是"一项具有基础性、战略性、前瞻性的工作"。

(二)大学文化建设存在的问题及成因

近年来,大学文化建设越来越受到重视,也取得了重要的进展。但同时,一些薄弱环节不同程度的存在。主要表现在:文化自觉还不高,对文化在高校发展中的战略地位重视还不够;文化自信还不足,对大学文化的内涵和自身优势认识还不充分;文化视野还不开阔,文化与思想政治教育的融合还不够;文化创新能力还不强,品牌意识较弱,特色不够明显。比如,有的只注重物质文化建设,忽视精神文化建设;有的个性化不明显,没有体现自身特点、历史渊源和发展趋势;有的缺乏系统性、继承性等等。

造成上述现象的原因,我认为主要有两个:

一是大学文化在与社会文化的互动中失衡。我国正处于社会转型期,大学文化和各种社会文化的碰撞、冲突与融合日益加强。而社会文化中的工业化和市场化等特征,很容易使大学所崇尚的人文理想和科学精神弱化,引领社会发展的功能在所谓"社会适应"中被淹没,弥漫着的是浓郁的实用主义、功利主义的气息。

二是大学文化在大学发展中的地位被弱化。制约大学文化建设的因素很多,比如,社会对大学的评价比拼的往往是学位点数量、科研论文获奖情况等一些刚性数字指标;再比如,一些大学合并或搬迁,大学文化的重构和重塑很难在短时间内完成等等。受这些因素影响,在导向上容易使人们渐渐忽略了"大学文化是大学的生命线,是一所大学的精髓所在"。

面对如此现状,我们更应该进一步增强责任感和紧迫感,通过加强对大学文化的研究思考和推进落实,助推学校的科学发展。

二、我校大学文化建设的主要体会

近年来,东北石油大学认真谋划、扎实推进大学文化建设,努力打造"以大庆精神办学育人"为特色的"东油"文化。

(一)做法与成效

在推进大学文化建设的工作中,我们始终坚持把"大庆精神"融入大学文化建设的全过程。我们的做法可概括为"三个注重":

1. 注重优秀精神资源的传承

东北石油大学伴随大庆石油会战建立,既是创造大庆精神的亲历者,更是传承大庆精神的受益者。大庆精神为大学文化的形成和发展积淀了厚重文化底蕴。

一是以大庆精神奠定大学文化的特质。从 1960 年建校开始,我们就在这个孕育和创造了大庆精神的环境中,始终潜移默化地受到这种精神力量的感染和激励,并及时把这种精神凝练为学校自己的精神文化,逐步形成了"捡粮、种地、干打垒"的艰苦奋斗精神,形成了"牛棚开课、脸盆端水做实验"的创业精神,形成了"学生第一、教学第一"的敬业精神,形成了"思想政治教育、艰苦奋斗、教学为主"的"三个传家宝"和"热爱石油、热爱学院、热爱集体荣誉成风,以艰苦奋斗为荣、不怕困难成风,敢于承担重任、敢想敢干成风,自力更生、勤俭办学成风,团结友爱、互相协作成风,调查研究、一切从实际出发成风,雷厉风行、说干就干、干就干好成风,严格要求、循循善诱、教书育人成风,刻苦钻研、勤奋读书成风"为基本内容的"九个风气"。这"三宝""九风"是建校初期大庆精神在大学文化基因里的具体体现,奠定了"东油"文化的鲜明特质。

二是用大庆精神丰富大学文化的内涵。在长期的办学实践中,我们坚持弘扬大庆精神,大学文化内涵不断得到丰富和发展,积淀形成了"艰苦创业、严谨治学"的校训、"严谨、朴实、勤奋、创新"的优良校风和"严谨务实、求是创新"的优良学风。2000年体制划转后向大庆搬迁的过程中,凝练出"创业、科学、奉献"的迁建精神。在学校二次创业的过程中,提出了"以人为本、科学发展、质量立校、特色创优"的办学理念。在这种大学精神文化的熏陶下,教职工形成了"强烈的主人翁情结、执着的责任意识、忘我的奉献精神、严谨的优良作风、诚信的精神品质和一以贯之的人本思想",学生形成了"学石油、爱石油,献身祖国的石油事业""到西部去,到祖国最需要的地方去"以及"到基层大有作为"的良好风气,展现了"东油人"特征鲜明的行为文化。

2. 注重文化建设载体的创新

面对新形势带来的机遇和挑战,我们坚持继承传统与创新载体相结合,着力推进大庆精神为特质的大学文化建设。

一是从强化大学文化的育人功能出发,重点实施了三大工程,即:文化修身工程、文化铸魂工程、以文化人工程。

"文化修身工程"2012年启动,以青年教师为重点,围绕弘扬中国特色社会主义共同理想和道德风尚,开展了"学习大庆精神提认识、比照师德规范找差距、争做厚德博学好教师"等系列师德主题教育实践活动,浓厚了"重师德、勤修身"的文化氛围。

"文化铸魂工程"是在学生中开展的"弘扬大庆精神,培育青马精英"等系列主题教育活动,围绕培育和践行社会主义核心价值观,推进了"马克思主义理论再教育""大庆精神再教育"和"校史传统再教育",探索了"理论学习课题制"和"活动创新立项制",培育了一批信念坚定、具有大庆精神品质的优秀学生。

　　"以文化人工程"是围绕进一步提升校园文化的"软实力",依托文明和谐校园建设,系统规划各类内容丰富的主题教育活动和百花齐放的学生社团活动,通过感染教育、养成教育和导向教育,打造出十余项以"大庆精神"教育为主题的活动品牌,凸显了大庆精神育人在校园文化建设中春风化雨、润物无声的感染力。

　　二是从提升大学文化的引领作用出发,着力打造好三大平台,即:建好一个研究中心、筑牢一个宣传阵地、擦亮一个文化品牌。

　　"建好一个研究中心"就是 2004 年成立的大庆精神研究中心,目前已经建设成为黑龙江省教育厅人文社会科学重点研究基地,以及大庆市、大庆油田、大庆炼化等多个校地校企合作建设研究基地和培训基地,提升了大学文化服务和引领社会文化的功能。

　　"筑牢一个宣传阵地"就是构筑好面向社会的文化宣传阵地。通过广泛参与社会文化活动,开展对外文化交流,扩大大学文化对社会的辐射作用;通过广泛开展大学生志愿服务、社会实践等活动,形成了学习与传播大庆精神的有效互动。目前,我校的文联、大学生艺术团、校青协等已经成为地域文化建设中颇具影响的力量,扩大了大学文化的影响力。

　　"擦亮一个文化品牌"就是擦亮"大庆精神办学育人"的特色文化品牌,取得丰硕成果。例如,杨晓龙、宋玉玲主讲的"大庆精神创新与发展"国家级精品课在多家网站同时上线;"大庆精神"相关的数十项研究课题及十余部教材获省市奖励;开办了"大庆精神论坛";创办了《铁人文学报》,组建了"大学生大庆精神研究会";建立了 18 个大庆精神实践教育基地。"用大庆精神育人"的经验多次在全国和省内交流,成为大学文化建设中的亮丽名片。

　　3. 注重良好校园风气的引领

　　校风是大学文化的集中体现。近年来,坚持以"大庆精神再教育"为载体,重点发挥两个群体的示范引领作用,促进了优良校风的弘扬和传承。

　　一是领导干部的示范作用。学校党委提出"以政风促教风带学风",率先对班子成员提出了"正人先正己、带头作表率"的要求,对全校领导干部先后提出了"提高学习力、思考力和执行力""深入基层、深入群众、深入实际""在成绩面前没有炫耀的理由、在问题面前没有抱怨的理由、在责任面前没有懈怠的理由、在利益面前没有伸手的理由"的要求。通过深入开展宣传教育活动,使这种清正之气逐步内化为全校的思想认同和行为自觉,沉淀为大学文化的优质元素。我校退休老干部申报库为此专门给学校写了一封公开信,题目为"党的优良作风又回来了"。

　　二是先进典型的引领作用。2012 年,学校党委提出要大力"弘扬先进、弘扬正气、弘扬主旋律"。我们重点开展了"身边的榜样"先进典型事迹宣传活动,开展了"汇聚身边的感动"校园好人好事展播活动,开展了"十大品牌主题文化活动评选"等等。用社会主义核心价值观的正能量,主导大学文化的主流,让身边先进典型的感染作用和影响力,引领大学文化的方向。

通过全校上下的共同努力,我校大学文化建设收到了实实在在的效果。主要表现在四个方面:

一是精神层面上,打造了特色鲜明的文化内核。这个特色就是大庆精神。以大庆精神教育为载体,学校的优良传统得到了传承,校训、校风、办学理念等校园形象识记系统得到师生员工的高度认同,学校精神文化的引领作用在办学实践中得到凸显。

二是物质层面上,浓厚了以文化人的环境氛围。校史馆、文化长廊、校训石、学子林、石油特色景观、A字路等校园基础设施、文化景观的育人功能不断得到完善,校园内的每一物件都作为文化符号,承载着一定的文化信息,凸现文化育人功能。

三是制度层面上,完善了公正有序的规范体系。"艰苦创业、严谨治学"的校训在制度文化上得到传承和充分体现。学校党委强调的"要让权力在制度和纪律的约束下公正、有序运行"的要求得到积极落实,营造了良好的制度文化氛围。

四是行为层面上,形成了积极进取的良好风气。"严谨、朴实、勤奋、创新"的校风得到进一步弘扬。让干部队伍风清气正、让教师队伍崇教尚德、让学生群体积极进取,已经成为全校共同的行为文化目标,呈现出良好的精神面貌。我校领导干部"三深入"、教师"文化修身工程""用大庆精神引领大学生到基层就业"等做法,先后被《黑龙江日报》《光明日报》《人民日报》等媒体报道。

(二)经验与思考

总结大学文化建设的收获,我们的体会主要是"四个坚持":

一是要坚持方向性。大学文化建设具有鲜明的政治特点,必须坚持以马克思主义中国化最新理论成果为指导,以培育和践行社会主义核心价值观为主线,牢牢把握大学文化建设的正确方向。

二是要坚持特色性。大学文化特色最能反映学校的办学思想和文化底蕴,只有当拥有自己独特的校园文化精神,才会产生强大的教育功能、凝聚功能和激励功能。

三是要坚持整体性。大学文化建设是一个系统工程,涉及学校方方面面,需要长期积淀养成,必须坚持工作的整体性,战略谋划,科学规划,明确目标,制定措施,系统推进。

四是要坚持参与性。大学文化建设的目标是文化认同,因此,宣传部门要在校党委的领导下,发挥好牵头抓总的作用,协调各方力量,调动全员参与的积极性和自觉性,形成工作的合力。

在总结成绩和经验的同时,我们工作中也遇到了一些困惑,其中最主要的一点,就是新形势下,针对思想观念多元化、个性特征多元化、接受信息多元化、干扰因素多元化,如何实现与时俱进和机制创新的问题,需要在工作实践中进一步研究和探索。

三、推进大学文化建设的几点思考

大学文化建设是一项长期而艰巨的系统工程,宣传部门任务繁重。下面,结合东北石油大学实际,谈一下工作思路和建议。

（一）工作思路和措施

在学校党委的领导下,下一步大学文化建设的基本思路和措施,主要有四个方面:

第一,围绕一个核心,培育和践行好社会主义核心价值观。习近平总书记指出:"核心价值观是文化软实力的灵魂、文化软实力建设的重点。"所以,大学文化建设工作的举措之一,就是贯彻落实党的十八大精神和习近平总书记系列重要讲话精神,结合实际制定并推进落实《关于在全校开展"我学习、我践行"——社会主义核心价值观主题教育实践活动的实施意见》。

第二,突出一个特色,进一步做好大庆精神的传承和发展。作为大学文化建设的个性化特质,弘扬和传承大庆精神将是东北石油大学文化建设中的永恒主题。所以,大学文化建设工作的举措之二,就是指导全校继续深入开展好"大庆精神再教育"为主题的系列校园文化主题活动,继续巩固好大学文化特色。

第三,搞好一个谋划,不断完善大学文化建设的战略统筹。大学文化建设工作的举措之三,就是按照学校党委做好"三篇文章"的要求,抓好大学文化建设的战略谋划。以学校开展"办什么样的大学"和"怎样办大学"的大讨论为契机,组织好"大学文化建设"的专题讨论,为下一步召开党代会和明年制定大学文化建设的"十三五规划"奠定基础。

第四,抓好四个重点,全面落实大学文化建设的育人功能。大学文化体现在学校工作的方方面面,大学文化建设工作的举措之四,就是充分发挥好宣传部门的牵头作用,协调好全员参与大学文化的建设。仅从宣传部门的职责出发,重点抓好四个方面工作：一是弘扬主旋律，强化正面的宣传教育；二是传播正能量，强化有效的舆论引导；三是重视新媒体，抢占有利的宣传阵地；四是突出系统性，策划长线的主题活动。通过有目的的统筹安排，推动优秀大学文化的有序传承和继续养成。

（二）提出的两点建议

高校的文化建设，始终离不开上级部门的关心指导和支持帮助。借此机会，提两点建议：

1. 加强宏观指导

建议出台《黑龙江省关于加强和推进大学文化建设的指导意见》，将黑龙江丰富优秀精神文化资源内化为大学文化建设的正能量，打造黑龙江高校的共有的文化特色元素。

2. 搭建交流平台

建议成立"黑龙江省高校大学文化建设研究会"，作为"黑龙江省高校思想政治工作研究会"下面的二级学会，加强研究和交流，推进全省高校大学文化建设的深入开展。

大庆普通高校阳光体育运动现状分析及对策研究

东北石油大学　吕春双　金安铭　杨锐　王祺　王浩

为了有效贯彻国家教育部门和体育总局颁布的《关于开展全国亿万学生阳光体育运动的决定》文件要求,将高校阳光体育运动进行深入开展,笔者对大庆市内四所普通高校关于"阳光体育运动"的开展现状进行了持续跟踪及调查分析,并总结出目前大庆市普通高校在开展"阳光体育运动"存在的问题,为阳光体育运动在高校中的发展提供了有效支持。

一、研究对象及研究方法

笔者选择东北石油大学、大庆师范学院、哈尔滨医科大学大庆分校、八一农垦大学作为研究对象,对这四所院校关于"阳光体育运动"的开展现状及对策进行了调查研究。

研究过程中主要采取文献资料、访谈、问卷调查、数理统计等研究方法。例如笔者对 2008～2013 年度中国期刊全文数据库及中国优秀硕士学位数据库中有关高校"阳光体育运动"的研究文献进行调阅;与大庆高校相关教师及专家进行交流,向其讨教高校"阳光体育运动"实际开展过程中存在的问题,与作为调查对象的四所普高进行接触,掌握高校学生参与"阳光体育运动"的实际情况,选取部分参与"阳光体育运动"的学生进行访问;根据大庆普通高校对于"阳光体育运动"的开展现状及存在问题设计调查问卷,邀请专家对问卷内容进行研究和审核,制定出《大庆市普通高校阳光体育运动的调查问卷》,本次共发放问卷 240 份,回收240 份,回收率为 100%,其中有效问卷为 220 份;最后使用电子软件对问卷调查结果进行统计和分析,为本次大庆普通高校开展"阳光体育运动"现状及对策的研究提供有效的理论基础。

二、调查结果和对策分析

（一）国家政府及教育部门对普通高校开展"阳光体育运动"的重视程度

教育部及国家体育总局在 2006 年颁布了《关于进一步加强学校体育工作，切实提高学生健康素质的意见》，并在同年发布了《关于开展全国亿万学生阳光体育运动的决定》。2007 年 5 月 7 日《中共中央国务院关于加强青少年体育增强青少年体质的意见》中第五条也明确提出，应积极投入到"全国亿万学生阳光体育运动"中去。大庆政府及教育部门鼓励学生多多走向室外，享受阳光和大自然，形成体育锻炼的热潮，并鼓励教师耐心引导学生按照目的和计划来进行有规律的体育活动，以此来提高学生对运动的热爱，改善学生身体素质和身体机能，最终实现强身健体的目的。2007 年 5 月 25 日，国务委员陈至立在全国性"加强青少年体育、增强青少年体质"电话会议上再次强调：应积极贯彻中央下发的 7 号文件要求，努力改善体育教学。大庆市教育局根据政府要求，从"开展全国亿万学生阳光体育运动"入手，要求学生确保每天锻炼一小时。

（二）大庆市普通高校对"阳光体育运动"的重视程度及效果分析

自从 2007 年全国全面开启"亿万学生阳光体育运动"以来，全国各地的各级高校都积极响应，不断开展具有当地特色的阳光体育运动。大庆市教育局也立刻投入行动，在全市范围内大力宣传"阳光体育运动"的重要性，并在当地开展了"亿万学生阳光体育活动启动仪式——万人长跑活动"，此后各大高校也陆续开始制定具有特色的阳光体育运动计划，号召本校学生积极参与阳光体育运动。在历时五年的长跑活动结束之后，全市高校学生的心肺功能均得到了有效改善，身体素质也显著提高，除此之外，学生的耐力和毅力也得到了锻炼，养成了吃苦耐劳的良好品质。

（三）大庆市高校开展"阳光体育运动"的现状描述

本文以大庆市各大普通高校为研究对象，并向当地部分高校发放《大庆市普通高校阳光体育运动的调查问卷》，对回收问卷进行整理和分析后总结出以下结论。根据调查结果可以看出，我市阳光体育运动主要是围绕以下方面展开的：

1. 体育课堂教学

大庆市各大高校在体育课堂教学过程中都积极宣传阳光体育运动的重要性，并将政府下发的相关文件传达给师生，让学生对该活动有一定的了解。除此之外，还结合《大学生体质健康测试标准》在课堂内为学生讲授科学合理的体育锻炼方法,帮助学生提高身体素质和社会适应能力。

2. 开展体育竞赛

除此之外,大庆市各大高校还根据不同学生的特点,为学生制定不同的体育锻炼计划,培养学生对体育锻炼的热爱,为学生创造良好条件,促使学生形成健康第一的运动思想和锻炼观念。部分高校还在学校内以阳光体育运动为口号开展各项体育竞赛。例如,篮球赛、排球赛、田径赛等。在各项比赛的作用下,阳光体育运动不仅可以得到有效地开展,更使学生对于体育活动的兴趣被成功激发。其中,东北石油大学从 2008 年开始坚持每年一度的全校师生阳光体育运动大会,并设计了很多具有学校特色的趣味体育项目,例如"师生长跑""轮滑花样表演""健美操比赛"等。这些体育活动各具特色,风格迥异,顺利完成这些项目不仅需要学生个人的灵活机智,更需要注意团队之间的合作。另外,大庆师范学院还在冬季开展冰雪阳光运动,带领学生走向大自然,走入滑雪场,并积极鼓励学生报名参加国际滑雪比赛。

3. 组织课外体育活动

大庆市普通高校在校内通过社团和俱乐部的方式开展各项体育活动。笔者对高校主要几种体育俱乐部进行分类,主要有以下几类:球类(包括羽毛球、乒乓球、垒球、铅球、网球、篮球等)、武术博击类(包括跆拳道、太极拳、武术等)、现代体育类(包括轮滑、徒步等)、娱乐类(包括象棋、围棋、桌球等)、健美类(包括瑜伽、舞蹈、体操等)。根据问卷调查结果显示,在高校诸多类型俱乐部中,参与球类俱乐部的学生人数排名第一。除此之外,健美类俱乐部的参与人数也相对较多,其中,主要参与人群为女生;排名第三的是武术博击类俱乐部;相对以上俱乐部而言,现代体育项目和娱乐类体育项目的参与人数较少,俱乐部规模也较小,但是人员流动率较低,且具有较强的专业性。这些社团和俱乐部的开展受到了高校学生的喜爱,推动了学校阳光体育运动的进行。

三、大庆市普通高校"阳光体育运动"的持续发展对策

(一)建立"阳光体育运动"保障体系

1. 广泛宣传健康学习理念

完善阳光体育网络教育信息体系,通过各种途径来传播阳光体育运动的健康理念,让学生自主地投入到阳光体育运动中,并由学校阳光体育运动负责部门统一安排学生课外体育活动时间,防止因个别时间段异常拥挤而降低学生积极性。

2. 完善体育硬件设施

为阳光体育运动提供有力的资金保障,提高学校体育硬件设施完善程度,加大阳光体育运动经费的投资力度等都是阳光体育运动展开的必要条件和重要保障。因此,学校为应对阳光体育运动项目进行转向拨款,为其提供必要的资金保障,以此改善学校体育健身运动设施,增加现代化教学管理,提高体育运动场所的利用率。

3. 增强师资队伍力量

阳光体育运动的开展与体育教师的水平息息相关,教师的知识结构与能力水平会直接影响阳光体育运动的实施效果。因此,必须增强高校体育教师的整体素质及综合水平,拓展体育教师的专业技能,夯实体育教师的基础知识,扩大师资队伍的建设,实行教师竞争制度,充分激发教师的工作积极性,成为高校阳光体育运动的优秀领导者。

4. 做好安全保障工作

学校应做好阳光体育运动过程中的安全保障工作,制定相关安全防范措施。学校应配置充足的医疗设备,应由校医院统一管理。除此之外,学校还应鼓励学生购买意外险,让每一位学生都能够享受到安全的阳光体育运动。

(二)"阳光体育运动"的开展方式

1. 提高组织领导对"阳光体育运动"的宣传力度

高校体育教学背负着培养具有创新性综合人才的任务。各高校应该将阳光体育运动视为一项长期的教学任务,并按照计划进行重点发展。学校体育部门应联合学生会、教导处、党委等部门共同整合校内有效资源,开展一系列体育相关活动,宣传阳光体育运动的口号,培养学生的健身意识,使阳光体育运动在高校中得到长期有效的开展。

2. 改善学生身体素质,创新课外体育活动

高校应充分结合阳光体育运动要求来创新课堂教学内容及课外体育活动内容,不断深化体育教育改革。具体应对学生体质进行定期检测并记录,根据记录做好汇报工作,让学生准确掌握自己的身体状况。将体育俱乐部与课堂教学内容有效融合,适当增加体育比赛项目并将其列入体育教学计划中,加强学生体育俱乐部的建设工作,充分发挥体育俱乐部的促进作用,激发学生学习积极性,让学生主动参与阳光体育运动中来。制定目标,让80%以上的学生能够同时掌握两种或两种以上的体育技能,形成健康的运动观念,并养成坚持锻炼的好习惯。

3. 开展丰富多样的阳光体育文化活动

高校可以在校内开展体育文化节和阳光体育周,充分利用课堂时间或假期来开展各种阳光体育文化活动,拓展体育运动形式,最大程度地组织学生参加丰富多彩的休闲运动,丰富学生课余时间。例如,可以开展一些活动力度较小的体育项目,激发学生的运动热情,使学生养成热爱运动的习惯,深化校园文化建设工作,营造浓厚的体育锻炼氛围,推动阳光体育运动在高校中开展。

4. "阳光体育运动"的评价监督工作

高校应成立阳光体育运动的监管部门,建立评价体系,对阳光体育运动的开展情况进行实时监督与评价。定期对各大高校阳光体育运动的开展情况进行监督、评价。具体评价内容包含阳光体育运动在校内的宣传效果、体育课程的开展情况、课外体育活动的实施情况、体育比赛项目的开展情况、体育俱乐部的发展情况、学生体能测试的进行情况等。监管部门应对一些表现较好的高校进行表彰,推举其成为优秀模范学校,在其他高校之间树立榜样。同时,还应督促高校对于一些不足之处进行改进,实现阳光体育运动的可持续发展。

四、制约大庆市普通高校"阳光体育运动"发展的因素

(一)大庆地区经济及气候因素制约了"阳光体育运动"的开展

大庆市地处于我国东北地区,气候寒冷且经济不够发达,常年雨雪导致很多体育项目很难在室外开展;大庆市经济状况相对于一些沿海城市也较为落后,缺少足够的资金资源来建设室内运动场所;且思想较为保守,缺乏开放性,难以满足学生的健身需求和体育项目开展需求。以上众多原因导致大庆市阳光体育运动无法顺利开展,实际效果与预期效果相差甚远。

(二)大庆市普遍存在"重教育,轻体育"的现象

体育是高校教育的重要组成部分。"应试教育"的传统观念导致多数高校更加重视文化成绩的提高,而忽略体育课程的重要性。加上学校并没有开展具体的改善措施和配套管理制度,导致高校体育教师对于阳光体育运动的重视程度逐渐下降。根据相关调查显示,大庆市高校学生每日锻炼频率和时间远远没有达到阳光体育运动所提出的要求。

"阳光体育运动"是改善我国高校学生体质健康现状的有效措施,大庆市高校相关职能部门应积极响应这一要求,并认真地进行贯彻和推广,使当地高校学生意识到体育锻炼的重要性和意义,实现"阳光体育运动"在大庆高校中的可持续发展。

参考文献

[1] 郭伟:《河南省普通高校开展"阳光体育运动"的现状调查及对策研究》,载《太原城市职业技术学院学报》,2011 年第 5 期。

[2] 王旭业:《长春市阳光体育运动在独立学院中的开展状况及对策研究》,东北师范大学硕士学位论文,2011 年。

[3] 李丽:《河南省普通高校阳光体育运动开展现状和发展对策研究,郑州大学硕士学位论文,2011 年。

第二部分 02

| 校园文化建设实践案例 |

思想引领篇

理论学习

领会科学内涵，坚定理想信念

——东北石油大学开展学习习近平总书记系列重要讲话活动

组织单位：共青团东北石油大学委员会
创办时间：2014 年
举办时间：2016～2017 学年第一学期
覆盖范围：东北石油大学全体在校学生

一、活动背景

党的十八大以来，习近平总书记发表了一系列重要讲话。习近平总书记系列重要讲话精神提出了很多富有创见的新思想、新观点、新论断、新要求，学习贯彻讲话精神是一个持续推进、逐步深化的过程，东北石油大学共青团委员会致力于把理想信念传授于青年学生，促进青年学生将理论与实践相结合。

此外，在党中央及团中央的引导下，以讲话精神统揽团学思想，通过对讲话精神的学习和讨论，同开展"两学一做"学习教育结合起来，推进教学方式方法创新，全力打造学习系列重要讲话知识链。"学习习近平总书记系列重要讲话精神"主题教育活动自 2014 年启动以来，每年定期举办，顺应时代潮流，效果良好。

本活动每年度的顺利举办，进一步增强了团支部每位成员对学习宣传贯彻习近平系列重要讲话精神的重要性、必要性、战略性的认识,使团支部成员做到学以致用,以讲话精神武装头脑,指导今后的学习与工作实践。

二、活动目标与意义

(一)把握要求

围绕习近平总书记系列重要讲话精神,以及在致全国青、学联大会贺信中提出的"志存高远、德才兼备、情理兼修、勇于开拓"重要要求和在北京大学师生座谈会上提出的"勤学、修德、明辨、笃实"在校园网站以及微信平台上进行宣传,让所有学生知晓、理解、熟记社会主义核心价值观的基本内容和重要内涵,把握实践方向。

(二)力求实效

结合学校实际,工作和活动设计面向全校学生,注重参与性和互动性,广泛动员每一个团支部、学生组织及社团参与进来。以学生为本,尊重学生的主体地位,激发学生自我教育的主动性和创造性,大力支持学生自己设计、自主开展活动,努力使活动形式真正为青年学生接受和欢迎。

三、组织实施

(一)前期准备

根据团中央、团省委下发的关于学习习近平总书记系列重要讲话精神的相关文件,共青团东北石油大学委员会老师围绕学生关注的焦点问题和思想困惑设计开展活动,真正使学生的思想有所触动,认识有所提高,明确提出"学习习近平总书记系列重要讲话精神"活动的目的和要求,指明活动方向。

1. 继续去年的形式,在微信公众号中开设问答平台,学生可以在平台中对习近平总书记系列重要讲话精神和内涵提出自己的疑问,由共青团东北石油大学委员会老师定期为其解答。

2. 向各二级学院下发"四进四信""践行社会主义核心价值观"等专题活动实施方案。

(二)活动实施

1. 以"四进四信"为主题进一步牢固树立对党的科学理论的信仰,研究制定开展一系列常态化的"四进四信"相关活动。

2. 以"青年马克思主义者培养工程"为平台,以"星火团校"为载体,开展"青马工程"学生干部培训班。其中,2014 年和 2015 年,共青团东北石油大学委员会副书记段志雁分别以"让青春在弘扬社会主义核心价值观中飞扬"和"以'四进'为手段,以'四信'为目标,培育和践行社会主义核心价值观"为题,为全校600余名学生团干部作了青马工程报告。

3. 各二级院在共青团东北石油大学委员会的带领与号召下开展相关主题教育活动,抓好"学习教育,实地践行"各项工作,主题活动进展顺利、态势良好。其中,经济管理学院举办了"筑梦青马工程,争做六有学生"第十期思政团校;土木建筑工程学院开展"执行并举筑中国梦,四进四信修青年志"主题团活;计算机科学与技术学院举办团学干部素质大赛、宣讲团开讲活动及每两周举办一次"青峰团校"交流讲座。

四、工作经验与启示

(一)工作经验

1. 通过网络新媒体与宣传板、海报相结合的宣传方式,扩大宣传范围,吸引更多同学参与。

2. 提高学生干部积极性,带领广大青年学生参与活动,一定程度上树立振兴中国梦的精神信念。

(二)工作启示

1. 增强活动与组织时间安排的灵活性。

2. 鼓励同学们提出新鲜的、高品质的案例,切实为学校的党风兼政建设提出有效的意见和建议,解决广大师生在政治思想上的问题。

3. 后期的跟进工作要注重持续性,延长跟进周期,让学生们时时刻刻了解习近平总书记系列重要讲话精神,建立思想上的牢固堡垒。

马克思主义学院老师带领学生学习　　　　　校领导举办座谈会

学习"四进四信",争做青年标兵

——东北石油大学开展"四进四信"主题系列活动

组织单位:共青团东北石油大学委员会
创办时间:2014 年
举办时间:2016~2017 学年第一学期
覆盖范围:东北石油大学全体在校学生

一、活动背景

共青团东北石油大学委员会以首期"共青团东北石油大学委员会书记学习习近平总书记系列重要讲话精神专题培训班"为标志,开展学习宣传贯彻习近平总书记系列重要讲话精神之"四进四信"主题活动,以"四进四信"读书研讨系列活动、星火团校培训、"四进四信"专题教学等优秀活动为基础,学生团支部开展主题团日活动130 余场,参与学生 820 余人,覆盖本校团支部比例 43% ,在校园里形成良好的学习氛围,加深了同学们实现"中国梦"的信念。

共青团东北石油大学委员会通过"进支部、进社团、进网络、进团课"带领学生全面深入地了解习近平总书记系列重要讲话精神的深刻内涵,进一步增强了同学们对讲话精神必要性、战略性的认识,牢固树立了同学们对党的科学理论的信仰。引领我校学生充分结合时代主题要求,发挥当代大学生的资源优势、科技优势,为实现中国梦更加努力奋斗。

二、活动目标与意义

(一)把握"三个结合",深化主题活动

共青团东北石油大学委员会结合团中央精神和我校人才培养目标开展"四进四信"主题系列活动,将全面学习宣传贯彻讲话精神与重点突出学习讲话精神中关于青年和青年学生的论述相结合与学习把握讲话精神中贯彻的马克思主义立场观点方法相结合,与团学工作具体实际相结合,遵循学生的成长成才需求,以"四进"为手段,以"四信"为目标,组织开展有形化、经常化活动,帮助广大青年学生和高校团学干部进一步牢固树立对党的科学理论的信仰,增强对党和政府的信任,增进对以习近平同志为核心的党中央的拥护。

（二）完善组织建设,立足学生发展

在主题活动的引领下,共青团东北石油大学委员会将继续用社会主义核心价值观引领团员青年,完善学习型、服务型、创新型基层团组织建设工作,立足学生的成才、成长,提高学生的综合素质、理论水平、学习能力、创新能力、实践能力。

三、组织实施

（一）前期准备

根据团中央思想引领工作要求,共青团东北石油大学委员会五位老师认真学习思想内涵,通过讨论制定"四进四信"主题系列团日活动方案,明确提出活动要求,并下发至各二级学院,各基层团委也积极配合共青团东北石油大学委员会工作,精心设计宣传实践活动方案引导学生积极参加活动。

（二）活动实施

1. 共青团东北石油大学委员会以"践行四进四信,学习讲话我先行"为主题,举办了"四进四信,学习讲话"活动。

2. 共青团东北石油大学委员会组织开展了"四进四信"读书研讨系列活动、"四进四信"专题教学等优秀活动。

3. 各学院团委根据共青团东北石油大学委员会活动方案要求,开展了"青年奋进油工梦,四进四信我来说"比赛、"四进四信我先行,青春奋进中国梦"第九期团校培训等活动,并积极将活动进行总结,上报共青团东北石油大学委员会。

4. 依托新媒体平台,创新教育形式。充分利用微信、微博等新媒体平台,实现学生关注度百分百,参与度百分百,在订阅号设立相应的专区专栏,就有关内容进行转发、评论。

学生代表分享　　　　　　　　　　　　"四进四信"课程学习

四、工作经验与启示

（一）工作经验

1. 各团支部和相关学生组织积极组织本次活动，大力宣传动员，使我校广大学生都能积极参加活动。

2. 充分利用所属的各类媒体，根据不同时段的活动内容设计相应的宣传方案，使主题教育活动与新媒体有效结合。

（二）工作启示

活动结束后各团支部认真总结，提炼亮点与创新点，并及时将活动信息、新闻稿、活动总结材料上报至共青团东北石油大学委员会。共青团东北石油大学委员会及时记录，综合各学院活动特点，加以创新，为今后活动形式积累经验。

"四进四信"系列活动启动仪式　　　　　"四进四信"主题演讲比赛

东油第一班

——东北石油大学铁人国旗护卫队升旗仪式

组织单位:共青团东北石油大学委员会

创办时间:2015 年

举办时间:2015～2016 学年第二学期

覆盖范围:东北石油大学 2015 级学生,东北石油大学铁人国旗护卫队

一、活动背景

2015 年是新中国成立 66 周年。66 年前,中国还只是"战后"国家,经济落后,百废待兴,国际地位也受到了威胁,自强不息的中华儿女不堪忍受祖国如此落后的局面,团结起来,勇往直前,共同努力,以求实现中华民族的伟大复兴。在一次次的发展中,凭着对祖国的热爱和对未来发展的美好愿望,中华民族用血汗谱写了一篇篇优美的文章,涌现出一批批可歌可泣的英雄人物——铁人王进喜、人民好公仆焦裕禄……他们前赴后继用自己的身躯为祖国铺垫出一条通向光明、迈向崛起的康庄大道,用自己的生命为祖国创造出了美丽神话。

共青团东北石油大学委员会根据党委要求,进一步提高我校党员和团员的思想道德素质以及行为规范,切实提高广大师生的爱国、爱党之心,特在 2015 级新生开学初举行升旗仪式。

二、活动目标与意义

鼓励同学们在实践生活中树立远大理想,将爱国之心、人生之志化作报国之行,与祖国同呼吸、共命运。进而学习老一辈无产阶级革命精神,进一步推进我校

当代大学生思想道德建设,提升德育工作水平,从而切实提高我校广大师生的思想道德素质,鼓励我校大学生努力学习、遵守纪律、热爱集体、团结奋进、做当代"六有"大学生。

三、组织实施

(一)前期准备

共青团东北石油大学委员会举办铁人国旗护卫队升旗仪式,大力宣传和教育大学生学习崇高的爱国主义精神,促使学生正确认识个人与集体、国家三者之间的关系,实现自身社会价值以及个人价值,增强国家凝聚力、战斗力,使同学们真正地认识到国事、家事,事事关己。因此,积极组织铁人国旗护卫队加强训练,在活动前期与各学院负责人联系,并选定新生代表,准备发言稿。

(二)活动实施

铁人国旗护卫队到达升旗的固定位置。

第一项:升国旗,奏国歌。

第二项:新生代表国旗下演讲,由新生代表进行关于爱国主义的发言。

第三项:负责人带领各院有序离场。

铁人国旗护卫队等待出旗　　　　　　　护卫队同学升旗

(三)后期活动

组织我校2015级学生观看国庆阅兵仪式,进一步提升我校学生的思想观念与爱国主义情怀。

四、工作经验与启示

（一）工作经验

通过升旗这一庄重而严肃的仪式，更能激发同学们树立远大理想，将爱国之心、人生之志化作报国之行，共青团东北石油大学委员会应以此为鉴，增加更多激发学生热情的活动。

（二）工作启示

1. 学生积极性不高，加大前期宣传力度，激发我校学生的爱国热情。同时，规定各二级学院须到场的学生人数。

2. 在日常学习生活中，加强对学生的爱国主义教育，增强学生的爱国情怀。

回眸中华历史，展我青春风采

——大庆市高校"奋斗的青春最美丽"
纪念"一二·九"运动文艺汇演

组织单位：大庆团市委、大庆市学联、东北石油大学、大庆职业学院
创办时间：2014年12月9日
举办时间：2016年12月9日
覆盖范围：大庆市各高校学生

一、活动背景

1935年的"一二·九"运动是抗战时期重要的学生运动之一。为纪念"一二·九"学生爱国运动81周年，让全校同学铭记历史，继承和弘扬爱国主义精神，激发同学们爱校、荣校的责任感，展现校园文化风采，彰显学生个性；同时也为了以实际行动深入学习贯彻党的十八大、十八届三中全会和习近平总书记系列重要讲话精神，加强我校青年学生爱国主义教育，引导我校青年学生继承革命传统、弘扬民族精神、牢记历史责任，展现当代东油学子的青春风采，弘扬爱国情操，建立和谐校园。作为校园文化的建设者、领导者，校文联举办了纪念"一二·九"爱国运动文艺汇演。

二、活动目标与意义

纪念"一二·九"运动，缅怀英勇牺牲烈士，弘扬伟大爱国主义精神，激励同学们的爱国热情，提高我校学生思想觉悟，展现当代大学生奋发激昂的精神风貌。

（一）"一二·九"汇演参与面广，影响力强

纪念"一二·九"运动文艺汇演最开始由东北石油大学发起，现已成为大庆市各高校具有重大影响的活动之一，参与人数逐年增长，节目质量与水平不断提升。

通过文艺汇演,大庆市各高校互相交流,相互探讨借鉴,共同进步,促进艺术文化和爱国情怀的进一步传承,有力地提升了高校校园文化活动的整体质量。《映山红》《十送红军》《前进,高举青春的旗帜》等歌舞、语言类节目带领学生回到了那个红色的热血年代,也激发了学生对历史的崇高敬意和对现在及未来生活的珍惜与憧憬。

(二)"一二·九"汇演用爱国主义旗帜引领校园文化建设

爱国主义精神是民族精神的核心内容,也是"一二·九"精神的精华所在。各高校的青年学生用饱满的激情表达对革命前辈的无限敬仰,用婉约动人的身姿舞出社会主义建设的伟大成就,用嘹亮的歌声唱响未来中国的美好蓝图。这不仅仅是一次同学们回顾历史的视觉盛宴,更是一次中华民族传统精神的传承,一次民族精神的弘扬,在同学们之间产生了深远的影响,极大地提高了广大同学参加文艺活动的积极性,使同学们的思想精神得到了进一步的提升。"一二·九"爱国运动文艺汇演的成功举办,让爱国主义精神在我们心中永不褪色,让爱国主义精神的旗帜在校园内高高飘扬。

三、组织实施

(一)活动情况简介

"一二·九"汇演每两年举办一次,于12月9日前后举办,面向大庆市各高校的学生和广大的人民群众。

1. 优秀作品筛选

由各高校自行准备文艺节目,大庆市团委、大庆市学联进行审核,不断进行彩排联排,挑选出优秀文艺作品。

2. 优秀作品展演

通过审核的优秀文艺节目最终于"一二·九"运动文艺汇演中呈献给大众。

(二)活动实施

1. 准备作品,不断演练

各高校于10月逐渐开始编排选定作品,敲定作品后,各高校学生不断开始学习、排练,直至节目成型,将完美的作品呈现给大众。

2. 优秀作品筛选

大庆市团委、大庆市学联于11月进行节目彩排,筛选优秀作品。

3. 前期宣传

各高校于11月中旬进行文艺汇演宣传活动,主要用微信平台等网络方式宣传。

4. 走位合光彩排

于12月9日上午,各高校汇集演出场地进行演出前的走位合光彩排。音响师、灯光师、场务场控人员等均已到位,反复调光为最后的汇演做万全的准备。

5. 承办"一二·九"文艺汇演

于12月9日承办高校文艺汇演,邀请大庆市委书记等领导和各高校学生现场观看。

四、工作经验与启事

随着"一二·九"运动文艺汇演的不断举办,规模不断扩大,历史使命铭记于心。在引领校园先进文化建设的同时,继承并发扬"一二·九"精神,将爱国情感与时代旋律相结合,以立德树人为宗旨,培育一批又一批以中华民族的伟大复兴为历史使命的青年才俊。

"一二·九"运动活跃了校园气氛,显现我市各高校的师生风采和激扬的爱国情怀,弘扬青年学生的爱国主义精神,丰富师生的课余生活,在文体活动中展现了同学们刻苦训练的精神和团结协作的能力,激发了学生的学习热情和干劲,营造和谐校园氛围。

"一二·九"运动文艺汇演的成功举办,同学们在训练中加深了感情,不断磨合,增强了默契,主动担起了责任,分工明确,团结协作,增进了友谊也提升了能力,收获颇多。全校上下的联动协作是成功举办"一二·九"文艺汇演的重要保障。

勿忘国耻，吾辈当自强

——东北石油大学开展公祭日主题系列活动

组织单位：共青团东北石油大学委员会

创办时间：2014 年

举办时间：每年 12 月份

覆盖范围：东北石油大学全体在校学生

一、活动背景

自 2014 年全国人大常委会第七次会议确定国家公祭日，共青团东北石油大学委员会在国家公祭日到来之际开展纪念活动。每年带领学生进行烈士墓祭扫活动，以沉重的心情缅怀逝者，更深切地体会到国家统一强大的重要。同时，借助新媒体平台，每年将组织网络征文活动，抒发情感，寄托哀思，让学生在文思中体会中华民族以爱国主义为核心的伟大精神。

公祭日纪念活动告诫我校学生以革命先烈为榜样，以实际行动继承革命先烈的革命遗志，引导师生以史为鉴，增进爱国、爱党、爱社会主义的情感，为构建和谐学校、促进学生的成长发展提供强大的精神动力，以此警示我校广大青年学生，铭记历史、勿忘国耻、奋发图强。

二、活动目标与意义

通过带领我校学生进行烈士陵园祭扫活动，悼念所有在日本帝国主义侵华战争期间惨遭日本侵略者杀戮的中国同胞，牢记侵略战争给中国人民乃至世界人民造成的深重灾难，充分了解南京大屠杀历史，激发学生为国家富强奋发学习的热情。

三、组织实施

（一）前期准备

学校根据相关文件要求,制定相关活动计划,并通知各二级学院配合开展活动。同时,根据活动安排,利用网站、微博、微信等新媒体平台,对在校大学生进行本次活动的主题、内容以及对弘扬中华优秀传统文化的宣传教育,使学生充分了解"公祭日"系列活动的相关内容,积极参与各项活动。

（二）活动实施

1. 组织学生参加当地的公祭烈士活动,瞻仰烈士陵园和烈士墓,向烈士墓敬献鲜花,深切缅怀烈士的不朽功绩。

2. 组织开展寻访烈士足迹活动,了解烈士生平事迹、看望烈士遗属。

3. 在烈士纪念日前后,集中开展学习弘扬烈士精神主题教育活动。

同学们瞻仰烈士纪念碑

四、工作经验与启示

（一）工作经验

本次爱国主义教育活动的成功举办,使我校广大青年学生的爱国热情得到进一步提升,通过形式多样的纪念活动,在学校形成浓厚的氛围,激发广大师生的爱国热情和建设家乡、服务家乡的积极性,聚集了正能量。

（二）工作启示

1. 前期教育工作虽然准备充足,但具体活动的实施方案不够完整。

2. 学生精神上始终存在断层,我校团组织应加紧提高学生思想觉悟。

全体师生集体为受难者默哀　　　　　　　郝辉南老师讲话

活动现场

走进红色电影放映室

——东北石油大学地球科学学院红色主题教育活动

组织单位:地球科学学院团委
举办时间:每学期不定期举办
覆盖范围:东北石油大学地球科学学院全体学生

一、活动背景

青年学生是网络和信息技术发展的最大受益者,他们交流、学习以及生活的方方面面都深受网络的影响。以学生使用智能手机为例,他们熟练使用微信、微博、淘宝以及各种娱乐软件,手机不仅成为学生获取知识的重要手段,也成学生学习和日常生活中不可缺少的重要内容。学生们在海量信息中阅读和接受着各种社会思潮的影响,也在各种娱乐方式中体会着休闲生活的轻松与愉悦,但是,在大量浮躁、低俗的信息和娱乐方式的影响下,一部分青年学生的政治追求也变得功利和实用,逐渐缺失了对政治的敏锐性和鉴别力,马克思主义的理论在一部分同学看来就是所谓的教条主义,从而导致一部分青年学生在对待反马克思主义的社会思潮中缺乏辨别是非的能力,对于西方所谓民主国家的意识渗透缺乏必要的警惕和辨别能力。青年学生表现出的这种政治追求的弱化,在当下复杂的社会形势下,给共青团的工作和思想引领发挥提出了较高的挑战。

二、活动目标和意义

本活动以观看系列爱国主义电影为主,通过欣赏一部部优秀的爱国主义电影,体会电影里的爱国主义情结,让大学生培养爱国之情、砥砺强国之志、实现报国之情,不断地提升大学生对社会主义核心价值观的文化自觉和精神共鸣,进一步增强对祖国的尊敬、对伟大中华民族的崇敬、对中华文化的热爱、对中国特色社会主义道路的支持。"少年兴则国兴,少年强则国强",大学生要适应时代发展的要求,正确认识祖国的历史和现实,增强爱国情感和振兴祖国的责任感,树立民族自尊心与自信心;弘扬伟大的中华民族精神,高举爱国主义旗帜,锐意进取、自强不息、艰苦奋斗、顽强拼搏,真正把爱国之志变成报国之行,今天为振兴中华而勤奋学习,明天为创造祖国辉煌未来贡献自己的力量。

三、组织实施

（一）活动前的要求

1. 各位同学有秩序的观看电影,做到不大声喧哗。

2. 观看完电影将观后感发至公共邮箱。

3. 观后感要求排版简洁,内容充实,文字不得少于500字。

4. 观后感要求原创,不得抄袭。

5. 观看电影之后上交的读后感将由学院团委进行筛选。筛选的优秀作品将会在"地科微平台"上进行展出,供其他同学参观学习。

6. 观后感必须在规定日期内上交,逾期上交的作品将不能参与评比。

7. 由学生书记进行选拔,选出优秀观后感。

8. 公布入选优秀观后感名单并对作品进行展出。

（二）活动时间安排

1. 进行宣传工作,让每个人都了解此次活动意义、流程及细则。

2. 由主持人介绍电影主要讲述的内容。

3. 同学们按要求观看电影,并进行投稿。

4. 主持人组织成员围绕所观看的内容进行讨论。主要讨论问题包括:电影的教育意义在哪里、怎样看待电影中的教育部分、对我国红色电影的期望和建议、我们作为未来的国之栋梁应该如何发展和完善自我等。

红色电影放映室展板　　　　　　　观看红色电影的同学合影

四、工作经验与启示

（一）针对性强，活动成效显著

红色电影以积极的内容、独特的形式、清晰的思路，传唱我国百年历史的过程。将"红色经典"印入学生心中，激发学生爱国激情，并与学生专业知识紧密结合。通过活动使学生了解历史，达到育人目的。

（二）远景规划，活动延续性强

利用红色电影向同学们传播主导文化，弘扬红色思想，培养政治信念与理想。

（三）巧用媒体，校园关注度高

红色电影结合当下大学生的喜好，采取与网站、新闻播报等相结合方式进行宣传教育，提高红色电影的关注度。

"与信仰对话"争做向上向善好青年

——东北石油大学开展主题教育活动

组织单位:共青团东北石油大学委员会

创办时间:2015 年 6 月

举办时间:2015 年 9 月

覆盖范围:东北石油大学共青团学生支部全体组织成员及各院学生代表

一、活动背景

我校围绕"与信仰对话"争做向上向善好青年,开展一系列主题教育活动,引领广大青年学生按照"勤学、修德、明辨、笃实"的要求,树立和践行社会主义核心价值观,引导青年学生树立坚定的理想信念。

今年,我校积极组织开展了一系列"与信仰对话"争做向上向善好青年的主题教育活动,并自行推荐与此相关的书籍或文章进行深入学习与研究,同时结合读书月活动向大家推荐一些好的书籍,努力将"勤学、修德、明辨、笃实"的含义内化于心、外化于行。

二、活动目标与意义

通过开展信仰对话主题教育活动,增强了学生的认知能力,引导学生形成正确的世界观、人生观、价值观,树立社会主义核心价值观和坚定的理想信仰。通过交流会,增进了学生之间的信仰交流,使其对国家和民族精神更加了然于胸、对未来有更高的理想追求,培育更多的"四有青年"。

三、组织实施

（一）前期准备

为引领广大青年学生树立坚定而正确的理想信念和信仰，促使广大青年学生树立和践行社会主义核心价值观，培养一批有理想、有信念的优秀青年，共青团东北石油大学委员会围绕"与信仰对话"争做向上向善好青年，开展一系列主题教育活动。共青团提前下发相关通知，组织各二级院开展相关工作，并积极做好活动宣传。

（二）活动实施

1. 组织学生干部参加团中央"向上向善好青年"精神宣讲会

两位团中央"向上向善好青年"分享团成员来到我校为青年学生分享"向上向善好青年"的优良品质，他们分别为海军工程大学动力工程学院水下训练中心潜水员官东同志以及大庆油田有限责任公司勘探开发研究院采收率研究一室副主任、第19届"中国青年五四奖章"获得者孙刚同志。两位模范代表以平等交流的方式，和同学们一起来探讨分享自己成长中的酸甜苦辣。同学们也提问了许多想要与他们交流的问题和自身成长中的困惑和疑问。通过模范们励志的经历和真诚的交流，同学们真实地感受到了"奋发向上、崇德向善"的正能量，真实地体会到，有梦想，有机会，肯奋斗，一切美好的东西都能够创造出来。

我校作为团中央"全国向上向善好青年"分享团走访的最后一站，为分享活动画上了圆满的句号。经过这次分享会，我校青年学生加深了对向上、向善内涵的认识，同时，也增强了追求梦想的信心和动力。

2. "与信仰对话"争做向上向善好青年与读书月相结合

本次活动主要通过集体投票选出一些好书，在读书会上与大家共同阅读，并由学生上台发表感想，最后进行总结。通过此次活动，大家对一些好书有一定的了解，并意识到读书的重要性。倡导读书，使青年学生在读好书的过程中，潜移默化的形成正确的理想信念以及自身坚定的信仰。通过倡导和开展全院师生阅读活动，不断提升师生的思想道德和科学文化修养，激发全院师生"爱读书、勤读书、读好书、善读书"的阅读热情，形成良好的校园文化氛围。

（三）后期活动

组织人员撰写每次活动的新闻稿，并及时在微信微博等网络平台同步分享，安排人员撰写活动总结并收集。各二级学院积极响应号召，开展了形式多样的活动。

四、工作经验与启示

（一）工作经验

这次学习活动增强了学生的认知能力，促使学生树立社会主义核心价值观和坚定的理想信仰，同时也使学生对国家和民族精神更加了解，对祖国的发展有了更加深刻的理解。

（二）工作启示

在做好专题教育的同时，紧扣各时间段工作要求，及时拟定工作方案，做到巩固、创新两不误。坚持以人为本，尊重学生主体地位，以理想信念为核心，抓住世界观、人生观、价值观这个总开关，引导帮助他们完善自身，为社会主义作出贡献。

与信仰对话分享会活动现场

青春实践进行时

——东北石油大学"社会主义核心价值观主题宣传月"活动

组织单位:共青团东北石油大学委员会

创办时间:2016 年

举办时间:2016～2017 学年第一学期

覆盖范围:东北石油大学全体在校学生

一、活动背景

共青团东北石油大学委员会以学习雷锋精神为主线,引导学生践行社会主义核心价值观,通过开展形式多样的实践活动,使学生逐步形成正确的价值观——即社会主义核心价值观,为构建和谐校园作贡献。

以大庆精神为主线,进行暑期社会实践活动。通过让学生们切身体会,逐步丰富他们的文化和精神内涵,进行答辩演讲,让团队负责人积极发言,主动表达在实践中体会到的自我价值,进一步增强学生的社会主义理想信念。

通过活动逐步在校园营造浓厚的校园文化氛围,并将它与大庆精神和铁人精神融会在一起。在塑造会学能学的学生同时,让学生知道为何而学。

二、活动目标与意义

(一)传导核心价值观,传递中国正能量

共青团东北石油大学委员会通过组织"铭记历史、缅怀先烈、珍爱和平、圆梦东油"万人签字仪式,引导广大青年学生积极投身于社会主义现代化建设中,进一步牢固树立对党的科学理论的信仰,坚定走中国特色社会主义的道路,积极践行社会主义核心价值观。

（二）弘扬铁人精神，践行核心价值观

大庆精神、铁人精神和社会主义核心价值观紧密相连。我校作为铁人精神与大庆精神的文化载体，引导学生完善正能量的社会主义核心价值体系，在新的时代背景下弘扬革命精神，传承铁人精神与大庆精神，明辨是非，正确实践社会主义核心价值观，把个人奋斗融入中国梦的伟大实践中去，成为充满理想、活力和激情的先进群体。

三、组织实施

（一）前期准备

共青团东北石油大学委员会高度重视此项活动。新学期开学后，立刻组织各二级学院团委书记召开了有关会议，传达并学习了"四进四信"等重要讲话精神，研究制定了具有社会主义核心价值观基本内容和重要内涵的活动实施方案，并对相关工作进行了具体部署。

（二）活动实施

1. 纪念中国人民抗日战争胜利70周年系列活动

共青团东北石油大学委员会组织进行了"让红旗永远飘扬"主题升旗仪式及"铭记历史、缅怀先烈、珍爱和平、圆梦东油"万人签字仪式，并通过图书馆前电子屏幕及第一食堂、第二食堂、第三食堂电视对阅兵式进行现场直播，引导广大青年学生树立民族自豪感，自觉为社会主义现代化建设而努力奋斗。

2. 暑期"三下乡"社会实践结题答辩会

我校举办了暑期"三下乡"社会实践结题答辩会，共有14支优秀社会实践团队参与答辩，这些团队项目内容主要涉及"四个全面"战略、纪念抗战胜利70周年寻访等主题，他们在实践中弘扬了中华民族的伟大精神，以奋发进取的精神状态、真抓实干的优良作风，为推进"四个全面"战略布局贡献力量。答辩会上，实践团队将实践中调查到的中国特色社会主义有关内容以及学习到的有关习近平总书记系列重要讲话精神的相关内容进行了宣传，鼓励青年学生以实现中华民族伟大复兴为己任，学习宣传贯彻习近平总书记系列重要讲话精神。

纪念抗日战争胜利 **70** 周年活动　　　　2016 年度社会实践结题答辩会现场

（三）后期活动

各二级学院进行分散学习，自主开展相关活动：

1. 经济管理学院开展了以"弘扬铁人精神，践行核心价值观"和以"传导核心价值观，传递中国正能量"为主题的教育专题讲座、以"扬爱国主义，育核心价值，共创中国梦"为主题的征文比赛、以"弘扬中华民族精神，用爱心浇灌希望、奉献传递温暖"为主题的爱心支教活动，以及"蓝丝带"关爱自闭症儿童活动。一系列精彩的主题活动，使学生明确了社会主义核心价值观的内在含义，培养了大学生的爱国、责任、诚信、奉献、尊重、合作等优秀品质。经济管理学院也时时引导学生树立"爱国、敬业、诚信、友善"的价值观念，培育良好的精神风尚，端正学习态度，优化生活作风，形成优良品德，使大学生成为德才兼备的社会主义事业的建设者和接班人。

2. 人文科学学院组织全体大一新生观看了阅兵仪式，参与了"人文厚达，与梦同行"迎新晚会，无偿献血活动，挑战杯结题大赛和"立党入志"讲座。一系列活动的开展，不仅宣传了社会主义核心价值观的主要内容，同时贯彻落实习近平总书记系列重要讲话的重要内涵，引导学生知行合一，以小见大，从一点一滴的小事做起，自觉将"爱国、敬业、诚信、友善"的价值观践行于日常行为之中，为大学生指明了践行社会主义核心价值观的前进方向。

四、工作经验与启示

（一）工作经验

共青团东北石油大学委员会将结合前期活动,结合培育和践行社会主义核心价值观的实际情况,征求各方意见,及时讨论总结,为日后活动的开展积累经验。

（二）工作启示

1. 活动主题应该紧扣同学们关注的热点问题及校园内发生的重大事件,活动和组织时间应该灵活安排,以便应对活动中的多种变化。

2. 应提高前期宣传工作质量,不仅鼓励同学们积极参与到活动中来,更要鼓励他们提出高质量的提案,切实为学校各个方面的建设提出有效的意见和建议。

3. 后期应跟进,要注重持续性,延长跟进周期,保证问题彻底解决,同时加强对问题的解决情况进行跟进,让广大师生更加了解实际情况,并更好地发挥督促作用。

社会主义核心价值观主题辩论

践行社会主义核心价值观主题演讲

"诚信3·15"活动图片

大庆东站志愿服务

与书为友，悦读人生

——东北石油大学读书月系列主题活动

组织单位：东北石油大学党委宣传部、图书馆
创办时间：2012 年
举办时间：每学期前 14 周
覆盖范围：东北石油大学全体在校学生

一、活动背景

通过"与书为友，悦读人生"系列阅读活动，培育广大青年学生践行社会主义核心价值观，不断提升我校师生思想道德和科学文化修养，激发全校师生"爱读书、勤读书、读好书、善读书"的阅读热情，形成良好的校园文化氛围。

2012 年我校首创"读书月"活动，至今已经成功举办五期，为同学们提供了良好的读书平台与环境，并切实解决了同学们在读书上的困难与问题。在本系列活动中，我校开展的活动形式多种多样，从名师讲坛、荐书活动，到征文活动、读书交流会，无一不让同学们充分的浸润在书香之中。

二、活动目标与意义

（一）兴读书之风

活动旨在大兴读书学习之风，激发全校师生阅读热情，引导大家爱读书、读好书、善读书，传承优秀传统文化，增强对中华文化的自豪感，弘扬社会主义核心价值观，为推进学习型校园建设提供智力和文化支持，让读书成为文明风尚，让浓郁的书香充溢校园的每一个角落。

（二）领读书魅力

通过读书月所举办的一系列活动，同学们在抒发感情的同时，对一些书籍有

着更深层的认识,领悟到读书对塑造人的人格魅力及精神品质的重要影响,感悟了书香,领悟了传奇,享受了美好,收获了热情。本次读书月的系列活动让同学们表达了更丰富的情感,有更深度地思考。读书月、享书月、爱书月,一切源于读书,一切美于读书。

三、组织实施

（一）前期准备

为进一步贯彻落实党中央、国务院关于倡导和开展全民阅读的战略部署,推动全校阅读活动持续健康发展,共青团东北石油大学委员会下发相关通知,组织开展形式多样、丰富多彩的阅读推广活动,培养和践行社会主义核心价值观,加大宣传推广力度,扩大社会影响,激发全校师生阅读热情,促进全校形成"爱读书、勤读书、读好书、善读书"的良好校园文化氛围。利用共青团东北石油大学委员会及各学院的微博、微信平台大力宣传读书月活动,积极动员广大师生参与线上荐书活动。各学院可从中挑选10～15本作为重点书目,以晨读、读书会等方式让学生进行阅读,倡导广大师生好读书、读好书,以提升我校青年学生思想道德和科学文化素质。

（二）活动实施

根据前期策划,在活动实施阶段,我校共开展了以下几个主要的、富有特色的活动。

1. 举办"爱心储蓄"图书捐赠活动

4月23日起,图书馆和校青年志愿者协会在图书馆305室联合组建一个"爱心书屋",倡议全校同学将手中闲置的图书和旧课本捐赠出来,节约资源实现共享。"爱心书屋"按照图书的价格,记录相应"爱心储蓄"值,捐赠者可以随时"存取"。捐赠者的爱心行为还将记录到"东北石油大学图书馆文明诚信系统",在图书馆留下永久的"爱心记忆"。

2. 举办"让阅读成为习惯"快闪活动

由校工会、图书馆、共青团东北石油大学委员会、现代教育技术中心联合举办的"让阅读成为习惯"快闪活动于4月23日在图书馆一楼进行。利用学生快闪活动让更多的人了解"世界读书日",展示读书的魅力,提高大学生对读书的重视。

3. 举办"与书有约"读书心得交流会

采用教师与优秀学生干部群体或优秀班级相互交流学习的方式,组织开展读书心得交流会,在重点书目中挑选出"我最喜爱的一本书"进行读书交流,内容需包含喜爱原因及对自身的影响或感受。

4. "图书馆走进二级院部"数据库定制培训

图书馆针对各院部需求,采用"定制培训"方式开展数据库培训,各二级院部根据实际需求定制培训活动计划,4月30日前报图书馆,由图书馆深入各院部进行定制培训。

5. 举办"你读书,我买单"2016年春季书展

4月22日至4月29日,图书馆携手大庆油田三合书店在图书馆一楼阳光大厅举行2016年春季图书展。书展采用"你读书,我买单"的创新采购模式,读者凭一卡通选书,对于符合馆藏要求的可以进行现场快速借阅,新书借期30天,到期前将图书归还至新书借阅室即可。同时,对于不符合馆藏条件或读者要求个人购买的图书,主办方将提供购书优惠。

6. 开展"书香相伴,梦想同行"师生读书征文活动

采取线上线下相结合的方式进行宣传和评选。活动以读书心得为主要内容,号召本院学生参与为期一周的读书征文活动,并进行评选,将优秀作品上报。

7. 举办超星杯"阅读马拉松"大赛

图书馆于5月7日上午9:30分至下午15:30分进行超星杯"阅读马拉松"比赛。4月25日到5月5日报名期间,计划参赛者在东北石油大学图书馆微信平台——超星杯"阅读马拉松"大赛通知中留言回复:超星杯"阅读马拉松"+姓名+学号+联系方式(手机号)即可报名成功,比赛按报名顺序招收45名参赛选手。超星杯"阅读马拉松"大赛以群体阅读的方式推广了读书的魅力。

"你读书,我买单"春季书展活动　　　　　"图书捐赠"活动现场

8. 举办"以书交友,悦读成长"成果展示

校党委宣传部和共青团东北石油大学委员会通过官网、微博、微信平台对本次读书月的成果进行集中宣传展示,并评选出读书达人。同时,各学院依托本学

院的微博、微信平台,将所读书籍的心得感受或优秀征文进行宣传展示。

四、成果总览与启示

（一）创新形式,突出实效

各学院根据每项活动的时间节点开展读书月相关活动,可单独开展或联合开展,活动形式力求创新,注重活动实效性。

（二）注重宣传,加强交流

各学院在活动开展中要注重宣传,及时在校内外媒体发布信息,加强交流互动,与共青团网站进行有机结合,通过微博"互@""互粉"相互转发等形式形成宣传合力,共同营造读书学习氛围。

（三）认真总结,及时上报

各学院团委应及时将工作方案、活动情况及成效进行梳理总结,形成典型经验及创新做法。

读书月启动仪式现场

"爱心捐赠"活动后,孩子们正在拆箱　　　"与书为友"读书活动现场

风雨兼程十三载,心理活动入人心

——东北石油大学"5·25"心理健康教育宣传月活动

组织单位:东北石油大学学生院大学生心理健康教育中心

创办时间:2004 年

举办时间:每年 4 月至 5 月

覆盖范围:东北石油大学全体在校学生

一、活动背景

高校不仅是培养专业人才的圣地,也是塑造良好人格的地方,加强心理健康教育可以促进学生健全人格的养成。2004 年,教育部、团中央和全国学联办公室向全国大学生发出倡议,把每年的 5 月 25 日确定为全国大学生心理健康日。"5·25"的谐音"我爱我",旨在呼吁大学生关注心理健康,珍爱自己,关爱社会,增强社会适应能力。随后,"5·25——大学生心理健康日"在全国的高校广泛开展多种形式的心理健康教育活动,把大学生心理健康活动周逐渐发展成大学生心理健康活动月,其影响力越来越大。学生院心理健康教育中心为积极落实教育部的要求,从 2004 年开始,我校就开展"5·25"心理健康教育活动,并逐渐把"5·25"心理健康教育活动拓展为一个月的时间,将学校打造成为心理健康教育的一个重要平台。

二、活动目的与意义

活动旨在不断推进我校心理健康教育工作,更好地宣传、普及心理健康知识,在全校范围内营造心理健康氛围,帮助学生增强心理健康意识,引导学生以正确的态度处理人际关系、学习和生活中的各种问题,帮助学生掌握心理健康知识,学会调适情绪,学会关爱他人,在今后的生活中以更积极的心态面对未来的挑战。

三、组织实施

（一）前期工作

1. 策划:结合上一年的活动经验,对整体的"5·25"心理健康活动的主题和形式进行构思和确定。

2. 撰写策划方案:除了撰写整体的策划方案外,对于心理征文比赛、心理剧比赛、PPT创意大赛、"5·25"大型现场展示会等,还需要制定相应的活动方案。

（二）中期工作

通过"东油人"微信平台、海报、广播等途径,对具体的活动项目要做前期和后期的宣传工作。心理剧比赛、PPT创意大赛会进行初赛和决赛,"5·25"大型现场展示会在5月中旬开展户外心理健康展示活动,集中展示各院心理健康教育成果,展示会内容包括,各院心理健康展板宣传、心理游戏比赛、现场咨询、心理测试等活动。展示会不仅是各二级学院展示、学习和交流的平台,而且也是整个"5·25"心理健康教育宣传月活动的最大亮点。

（三）后期工作

整体的活动结束后,我们会认真做好总结,把活动成果装订成册,把"5·25"大型展示会活动的视频制作成DV短片留存。

师生游戏互动

四、工作经验与启示

第一,活动组织过程中要进一步增强活动宣传力度,尤其是发挥东油人微信平台的前期宣传和后期报道的宣传教育效果。

　　第二,活动项目的选择上,应更多地注重不同人群的心理需求,使心理健康活动的受益面更大,学生参与活动的积极性更强。

　　第三,应增加师生间的互动性活动项目,拉近师生间的心理距离,突出心理健康活动的教育意义。

唱响感恩旋律，建设校园感恩文化

——东北石油大学感恩主题教育活动

组织单位：共青团东北石油大学委员会

创办时间：2012 年

举办时间：每年 5 月

覆盖范围：东北石油大学全体在校学生

一、活动背景

东北石油大学是大庆油田大会战的重要成果之一。作为一所以石油类专业闻名的院校，我校长期以来与各石油公司保持着高质量的人才输送。自 2012 年起，我校便开展了由宏华石油设备有限公司赞助支持的感恩主题教育活动。由此，我校正式把对大学的感恩教育提上日程。积极营造校园感恩氛围，促进学生健康的心态和良好的人格的培养。

大学感恩教育是建设和谐校园的内在要求。针对当今大学生感恩意识缺失的现象，共青团东北石油大学委员会进行深入分析，不断加强对大学生感恩教育的重视，并将感恩教育融于日常教学管理中，与校园文化紧密结合。

二、活动目标与意义

建设校园感恩文化，倡导全校师生以感恩之爱孝敬父母、以感恩之情建设母校、以感恩之心回报社会，这是共青团东北石油大学委员会与宏华集团联合推出的校园感恩文化节的主旨所在。多届校园感恩文化节的成功举办，在校园内营造了浓浓的感恩文化氛围，使同学们通过参与活动，对父母、对学校、对社会常怀感恩之心，常念感恩之情，既培养了学生感恩情怀，又建设了校园感恩文化。近年来，共青团东北石油大学委员会不断策划感恩文化节系列活动，进一步推动了我校感恩文化建设,更好地提升了校园文化品位。

三、组织实施

（一）前期准备

倡导感恩教育,这是高校大学生思政教育和校园文化建设的重要内容,高等教育有必要提醒、引导当今的青年大学生学会知恩感恩,学会自立自强,继而唤起那已被一层层习惯与世故压在灵魂最深处的善良本性与公德之心,传承中华民族优良传统美德的精髓并将其发扬光大。

共青团东北石油大学委员会依据当今大学生感恩教育缺失的现状,不断将感恩教育列入近几年来的工作重点,于每年上半年初下发关于"感恩文化节"主题教育活动的通知,号召各二级学院重视感恩教育,将感恩教育列入德育工作重点。

（二）活动实施

1. 感恩文化节晚会开幕式

于每年5月上旬联合宏华石油设备有限公司共同举办校园感恩文化节晚会。晚会开幕式由我校领导先行致欢迎辞,向宏华集团有限公司对校园文化建设的支持表示感谢,继而由宏华公司代表和我校学生代表分别致辞、发出倡议。

2. 晚会正式开始

开幕式结束后,整场晚会在我校学生红红火火的舞蹈中正式拉开帷幕。来自大学生艺术团、礼仪队、各学院的学生怀着浓浓的感恩之情演绎歌曲《送给母亲的祝福》、小品《感恩的心》、手语朗诵《跪羊图》、歌曲朗诵《懂你》、诗朗诵《献给妈妈的歌》、话剧《无声的爱》、器乐表演《回家》等节目,以不同的艺术形式诠释了母亲对子女无私的爱,表达了子女对母亲的感恩之情,唱响了校园感恩文化节主旋律,升华了感恩文化主题。共青团东北石油大学委员会副书记姜海燕作为母亲代表为同学们现场朗诵了她写给孩子和学生的诗《母亲的心语》,表达了所有母亲的心声——对孩子不求回报的至爱之情和祝福之意。晚会在同学们洋溢着浓浓感恩深情的合唱中落下帷幕。

（三）后续活动

1. 晚会后,应共青团东北石油大学委员会邀请,著名国学教育专家刘冰为学生们作了题为"大学生应如何培养感恩情怀"的报告。

刘冰援引《论语》《孟子》《弟子规》《孝经》《女儿经》等多部国学经典,援引众多古今孝子的故事,向大家宣讲了中华传统文化中的孝道文化对做人及人格品德塑造的重要意义。她指出,学校的任务是立德树人,也就是说学校的功能是培养学生感恩的心。大学生只是学知识是不够的,应该首先从孝亲开始,培养自己的感恩情怀,要懂得孝亲尊师,具备高尚的品德才能成为社会的有用人才。她还以"孟母三迁"的故事为例,告诉大家将来如何做一个好老师和好家长。刘冰的演讲生动感人,她在演讲过程中多次落泪,在场的同学也多次落泪,多次鼓掌。报告会上,刘冰的助教——她收养的全身多处残疾,但文武全才的六岁儿童"一休"现场表演了用残肢支地翻跟头、下腰用嘴含笔写字等高难度动作。刘冰还用每天三四点钟起床练功、每天翻600个跟头、下腰90分钟,用残疾的右手练字数小时的一休的成长故事激励大学生要勤奋学习,为中华之崛起而读书。报告会后,她向在场师生赠送了她的签名专著《为人父母》《弟子规成就经典少年》等书籍。刘冰的报告激起了在场师生的强烈共鸣,引发了同学们对"孝道与感恩""知识与文化""才能与德行"等问题的深入思考,也使同学们懂得了感恩的真谛和孝道的重要。

2. 校青年志愿者协会56名志愿者在教室举行了以"有爱就要大声说出来"为主题的母亲节晚会。志愿者精心编排表演了歌曲《烛光里的母亲》、话剧《我的母亲》、大合唱《鲁冰花》等精彩的文艺节目,并在现场拨通母亲的电话为母亲送去节日的祝福,将对母亲的感恩之情充分表达出来。

3. 四川宏华石油设备有限公司总经理兼宏华集团人力资源总监冯尚飞为我校学生作了一场题为"我的路与感悟,你的思考与未来"的职业规划报告。

冯尚飞简述了自己的求学经历和工作经历。他指出,一个人要想成功,必须要从身体、心智、心灵和社交情感四个方面进行锻炼,从而达到均衡的自我发展。当代大学生要有多学科的知识背景,学会正确对待自己的敌人,要学会接纳,要保持不抱怨的心态,学会领导自己和管理自己,全面提升个人能力和职业素养,最终才能走向成功。在一个小时的互动问答环节中,他结合自身经历帮同学们解答了关于职业规划和人生设计的疑惑,如何处理恋爱问题以及如何看待就业时可能面临的性别歧视等问题。同学们踊跃发问,冯尚飞耐心解答,其独到的见解和风趣的语言赢得了阵阵掌声。这次讲座使学生们更加清楚地认识到了成功所需要具备的素质,同时也对成功和幸福的衡量标准有了新的认识,极大地鼓舞了学生们对未来发展的自信心。

宏华石油设备有限公司总经理冯尚飞为我校学生作职业规划报告

四、工作经验与启示

(一)工作经验

1. 感恩教育是构建和谐校园的助推剂

感恩教育对于建设和谐校园起到"黏合剂"作用,它可以启迪和促进人的和谐文化素质的培养。当今,大学生均出生于20世纪90年代,他们所接触和遇到的很多是经济社会中强调的个人存在价值,对于"知恩图报"等传统的美德没有足够的认识。因此,必须通过对大学生进行感恩教育来培养和提升大学生的感恩意识,让他们在日常生活中以感恩的心态和行动回馈社会与他人的关怀呵护,使大学生尽可能用感恩的心态和理念来指导自己的行为,处理人与社会、人与人、人与事的关系,这样做必然会有效地化解校园内部的人与人之间出现的矛盾。

2. 把感恩教育同建设和谐校园文化相结合

高校的校园文化氛围体现出大学的精神风貌,体现了整个学校学生的思想价值取向,对学生的意识观念和行为方式都有潜移默化的影响。因此,感恩教育要同校园文化建设紧密结合,利用校园文化的氛围对学生进行感恩教育,依靠校园文化的影响去引导和塑造学生树立感恩意识,使感恩教育成为大学校园文化建设的重要内容。通过组织征文活动、话剧表演、诗歌朗诵、话题辩论、主题班会等校园活动,宣传感恩文化,弘扬感恩精神,让感恩思想成为和谐校园文化建设的主流。

(二)工作启示

扩展感恩教育形式,加强感恩实践。高校要积极引导,让学生把感恩意识化为实际行动,从日常生活中的小事做起,将感恩意识落实到日常行为中。例如,开展感恩实践活动,慰问老军人老党员、去福利院探望孤寡老人、探访困难家庭、组织志愿者进行社区服务等,也可以组织"感恩在身边,你我共参与"的活动,让学生明白知恩图报是做人之本,把感恩行动落实到实际行动中,让校园的生活更加和谐。

首届感恩文化节晚会

感恩文化节支线活动"大学生街舞大赛"

星火团校

——东北石油大学青年马克思主义者培养工程讲座

组织单位:共青团东北石油大学委员会

创办时间:2008 年

举办时间:2008 年 11 月

覆盖范围:东北石油大学全体学生

一、活动背景

"青马工程"全称为"青年马克思主义者培养工程。"东北石油大学于 2008 年 11 月启动了青年马克思主义者培养工程,成立了活动领导小组即"青马学会",制定了青年马克思主义者培养工程实施方案。通过每年两期的青马工程培训班,结合时政与校园的实际情况,广泛而又深入的联系青年学生,让学生们更好的理解时政,将目光更多的转向国家大事,培养了广大青年学生的社会责任感与责任意识,形成了良好的校园风气。

二、活动目标与意义

青年马克思主义者培养工程以星火团校培训班为阵地,以各级团学组织为载体,开展系统的党史国情教育、国际形势教育活动。邀请老师开展与社会政治背景和校园实际情况相适应的主题系列活动,使广大青年学生通过青年马克思主义者培训班,加强对时政的理解、对社会形势的分析与理解。

三、组织实施

近年来,共青团东北石油大学委员会不断推进青年马克思主义者培养工程,每学期至少举办两期青马培训班,学生们积极参加。共青团东北石油大学委员会深入基层团委、深入学生干部和普通学生中间进行群众路线教育实践活动调研,根据征集上来的问题,针对目前学生干部和学生组织建设中需要解决的突出问题,要求校级学生组织和学生干部要转变工作作风,走群众路线,真正服务广大学生。

(一)前期准备

为贯彻落实团中央《"青年马克思主义者"培养工程实施纲要》文件精神,在我校青年学生中着力培养一大批用马克思主义中国化的最新成果武装的当代青年,引导当代青年成长为中国特色社会主义事业的合格建设者和可靠接班人,不断提高我院青年学生的思想政治素养、理论水平、创新能力和实践能力,打造一支创新意识强、政治理论水平高、工作能力突出的学生干部队伍。为此,共青团东北石油大学委员会结合具体实践,紧密贴近社会时政,针对不同时期的不同特点,确立好紧扣时代脉搏的主题,开展青马工程活动策划会议,积极讨论此次活动的相关议程,提前邀请专家学者开展青马工程主题培训讲座,在线上线下积极宣传,明确分工,协调好各部门的工作,资源整合,积极与其他可以提供青马工程相关内容培训的社团或者个人交流,组织收取学院参与培训各专业的课表,统一安排培训时间以及场地的预借;在培训前期,依托海报、微信平台等渠道,宣传此次培训,并准备好宣传横幅、PPT以及培训中一些必备物品。

(二)活动实施

共青团东北石油大学委员会在全校团员青年中广泛开展了一系列大型主题教育活动,坚持"五个结合",开展主题教育实践,帮助青年学生了解历史、坚定信念,对青年学生进行生动的爱国主义、集体主义和社会主义教育。

2016年,共青团东北石油大学委员会以星火团校为载体,开展了三期专题教育培训会,邀请马克思主义学院党委书记李万鹰、刘宏凯教授分别为青马工程精英培训班的500余名学生干部进行了"中华民族伟大复兴的中国梦""学习习近平总书记系列重要讲话精神"和"坚定理想信念,做'六有'青年"的讲座。

同时,共青团东北石油大学委员会组织基层团委发挥本院团校教育阵地,结合新媒体,打造线上线下相结合的团校教育模式,引领基层团支部举办"社会主义核心价值观之争做六有大学生""我的土木梦,我的中国梦"、学习"四进四信"系列讲话精神暨"感恩社会诚信树人"主题演讲比赛、征文大赛、"争做六有青年"等特色团日活动40余项。

"青年马克思主义者培养工程"培训现场

（三）后期活动

培训后期,将对培训期间所有活动进行记录,包括时间、地点、具体流程以及总结活动中存在的不足和感想,做好学生们培训心得和研讨报告的检查和整理以及所有材料的总结和归档,及时整理新闻稿和照片,并跟进网络宣传工作。与此同时,要对学员进行最终考核成绩计算,评选出优秀学员并发放证书。

四、工作经验与启示

（一）工作经验

共青团作为党的助手和后备军,实践育人是共青团的光荣传统和优势所在。东北石油大学团委将通过形式多样的文化活动深化"青马工程"。通过开展形式多样的学雷锋实践活动,引导全校学生深入基层,感悟社会正能量,将社会主义核心价值观深入青年内心。共青团东北石油大学委员会将继续选树典型,营造氛围,以先进事迹感召青年,以优秀人物影响青年,传递校园正能量,给团员青年提供积极、健康的心境和正确的追求导向,展示我校师生热爱党、热爱祖国、热爱社会主义、热爱学校、积极向上的良好精神面貌。

（二）工作启示

共青团东北石油大学委员会从学校实际出发,以科学发展观为统领,改革创新,建功立业,推动科学发展、促进校园和谐、服务广大师生,积极动员全校的基层组织和团员青年积极投身创先争优活动,牢固树立责任意识、发展意识、竞争意识,切实改进工作作风,推进共青团各项工作创先争优,努力开创全校共青团工作新局面。共青团东北石油大学委员会应吸取经验,始终从实际出发,培养一批优秀青年,共同推进共青团工作稳步前进。

中国梦·东油梦·我的梦

——东北石油大学主题教育系列活动

组织单位:共青团东北石油大学委员会

创办时间:2014 年

举办时间:每学年前 14 周

覆盖范围:东北石油大学全体在校学生

一、活动背景

2014 年,是习近平总书记系列重要讲话精神的丰收年,也是我校校园文化建设的突破年。我们将习近平总书记系列重要讲话精神列入全年工作的思想引领文件中,结合学校特色,开展了一系列极具特色的主题活动,"中国梦·东油梦·我的梦"主题教育系列活动应运而生。

从 2014 年到现在,我校举办了数次座谈会、宣讲会以及"我的中国梦"主题社会实践活动。本学年更是结合北国特色,组织学生开展了"中国梦·东油梦"主题摄影活动,通过形式多样的教育活动,以学生的独特视角和全新创意,对充满激情、充满艰辛、充满希望的"中国梦"进行形式多样的演绎,进一步提升我校学生的文化水平,丰富"中国梦"的时代内涵,唱响校内"青春中国梦"的主旋律。

二、活动目标与意义

(一)结合理论热点,坚定学生的理想信念

为进一步加强当下我校青年的理论素养,促进广大学生全面投入学习,共青团东北石油大学委员会为"中国梦·东油梦·我的梦"主题教育活动设计了丰富多彩的活动形式,使个性迥然的青年学生都能融入到对理论热点的学习中来,营造良好的理论学习氛围。

(二)创新活动形式,激发学生参与理论学习的积极性

"中国梦·东油梦·我的梦"主题教育活动突破了以往严肃的学习模式,学生接受度高。在活动中,同学们积极主动结合活动主题,要求自主设计实践内容,感悟由千万个"中国梦"组成的民族梦、时代梦,采撷征集有代表性的"百姓梦想"。

(三)创新校园文化建设,打造校园文化活动品牌

围绕学习贯彻党的十八大、十八届三中全会精神和第二十二次全国高校党建工作会议精神,深化中国特色社会主义和中国梦宣传教育,联系校园特点以及学生自身,由中国梦具体至东油梦,最终落实成我的梦,细致深刻的刻画中国梦的内涵,用实现中华民族伟大复兴的"中国梦"培养学生、凝聚学生、激励学生,营造良好的校园文化氛围,打造校园文化活动品牌。

三、组织实施

(一)前期准备

共青团东北石油大学委员会为深入学习贯彻党的十八大精神,全面贯彻党的教育方针,围绕"立德树人"的根本任务,引导我校青少年理解实现国家富强、民族复兴、人民幸福的"中国梦"内涵,灌输和培养其对社会主义祖国的朴素感情。为加强广大青年对党和政府大政方针的全面认识,对国情国策的全面把握,以及对中国梦的深入理解,共青团东北石油大学委员会围绕习近平总书记系列重要讲话精神,将理解和宣传中国梦列入全年工作重点,并开展主题系列活动,活动前期进行大力宣传工作,召开活动会议,制定了较为完善的策划书,并向二级学院下发通知,组织各二级学院开展相关工作。

(二)活动实施

"五四"之后一周内,共青团东北石油大学委员会陆续组织学生支部、校学生会、校青协等校级学生组织的学生干部集中学习习近平总书记"五四"青年节讲话精神,进一步强化对学生干部的理想信念教育,要求学生干部按照习近平总书记的要求,勇敢肩负起时代赋予的重任,志存高远,脚踏实地,努力在实现中华民族伟大复兴的中国梦的生动实践中放飞青春梦想。同学们在学习之后,还结合学生干部工作实际进行了座谈讨论,交流畅谈了学习"五四讲话"的感受,表示将按照习近平总书记的要求,坚定理想信念,努力学习,以实际行动为实现自己的青春梦

想和中国梦、东油梦努力奋斗。

5月10日,共青团东北石油大学委员会举办"'同绘中国梦'传递油子关爱,情满杜蒙家园"爱心支教活动,共青团东北石油大学委员会社团文体部部长郝辉南带领校社团联合会、大学生记者团等近百名大学生来到杜尔伯特县连环湖希望小学进行爱心支教。

5月12日上午,共青团东北石油大学委员会学生支部以及各学院团委近百余名同学在大学生活动中心篮球场开展了"挑战150"团队拓展训练活动,活动分为"不倒森林""激情鼓掌""能量传递""舞动青春""雾里看花"五个项目。在活动中,各个团队努力处理好速度与技巧、竞争与合作的关系,成员之间团结一致,共同努力,充分展现了互帮互助、团结友爱的优良品质,彰显了强大的团队凝聚力。

"中国梦·东油梦·我的梦"主题教育系列活动部分展示

(三)后续活动

共青团东北石油大学委员会积极推进"中国梦·东油梦·我的梦"主题教育活动,对学生干部加强理想信念教育、大庆精神再教育和团队拓展训练,各二级学院纷纷响应共青团东北石油大学委员会号召,组织本学院学生组织以及社团展开了一系列以"中国梦·东油梦·我的梦"为主题的教育活动。

四、工作经验与启示

(一)工作经验

联系实际,鼓舞学生为实现中国梦努力奋斗。在学习理论的同时,共青团东北石油大学委员会结合学生干部工作实际组织学生进行了座谈讨论,交流畅谈学习感受。让学生学有所得,学有所用,鼓励学生积极发言,收到了良好效果,学生们纷纷表示,将按照习近平总书记的要求,坚定理想信念,努力学习,以实际行动为实现自己的青春梦想和中国梦、东油梦努力奋斗。

（二）工作启示

要想让同学们牢固掌握科学的理论知识,教育活动不能停。对比类似主题的理论学习培训课程,将理论学习结合到教育活动的实践中来在学生中取得了更加良好的效果。教育活动不仅让学生掌握了理论知识,也激起了学生投入到理论实践中的热情,使同学们深刻的体会到了青年肩负的责任和科学理论的魅力,强化了教育活动的教育效果。

数学与统计学院开展关注心理健康暨我的中国梦主题团活

相约党旗下,共筑中国梦活动展示

传承大庆精神，争当时代新铁人

——东北石油大学主题系列报告会、征文、观影、演讲比赛

组织单位：共青团东北石油大学委员会
创办时间：建校以来
举办时间：每学年前 14 周
覆盖范围：东北石油大学全体在校学生

一、活动背景

东北石油大学是大庆油田大会战的重要成果之一。作为共和国长子，它伴随着大庆油田而生，成长在大庆这一石油的宝库、精神的沃土之中，与共和国的石油工业同呼吸、共命运，历经世纪风云，伴随祖国同行。

1960 年，第一代东油人，在物质极其匮乏、条件极其简陋、生活异常艰苦的情况下，靠着为国争光、为社会主义建设作贡献、为祖国献石油的工作激情，靠着捡粮、种地、干打垒，凭借艰苦创业、自强不息的精神，在松辽石油会战指挥部所在地创建了一所新的石油高等院校，并由此形成了"艰苦创业、严谨治学"的校训，以及"严谨、朴实、勤奋、创新"的优良校风，这些精神无不闪耀着大庆精神的光芒，早已深深融入办学理念之中，成为教育、熏陶、影响、激励广大教师和莘莘学子的巨大力量源泉。

建校以来，东北石油大学始终坚持把大庆精神作为校园文化的核心，并由此开展了一系列主题鲜明的特色活动。

二、活动目标与意义

（一）通过形式丰富的活动，宣传并弘扬大庆精神

我校始终坚持把大庆精神作为校园文化的核心，对广大师生产生了积极的影响，特别是在广大学生中间，大庆精神成为对大学生进行理想信念教育和爱国主义、集体主义、社会主义教育的切入点和落脚点。通过开展一系列主题活动，促使学生理解大庆精神，继承、发展大庆精神。

（二）借助大庆油田这一地理优势，强化学生的爱国主义精神

我校发挥地处大庆油田这一得天独厚的优势，在铁人王进喜纪念馆、"松基三井"、1205 钻井队等地建立了十多个爱国主义教育基地，这些爱国主义教育基地已经成为广大学生了解铁人事迹，感受、陶冶道德情操，培养爱国情感，感悟人生真谛，增长真才实干的重要课堂。我校积极采取有效的措施，有力地推动了学生的爱国主义教育，收到了良好效果。

三、组织实施

（一）前期准备

共青团东北石油大学委员会结合学校发展历史，积极开展部署"传承大庆精神，弘扬铁人精神"系列活动。通过精心策划，组织动员，积极部署相关工作。各学院团委也积极配合校团委工作，精心设计宣传实践活动方案。

（二）活动实施

通过将大庆精神纳入思想政治理论课，邀请石油企业的领导、专家和校内外学者举行报告会、座谈会，观看《铁人轶事》话剧，开展影视展播，设立铁人奖学金，开展征文、演讲等形式的活动，对学生进行以"灌输教育、感染教育、养成教育、延伸教育、导向教育"为主要方式的大庆精神教育，使大庆精神在一代又一代石油学子手中薪火相传、发扬光大。

将大庆精神的教育作为每年新生入学的第一堂课。从新生一入学开始，通过聆听铁人生前录音、观看铁人生前事迹、请老会战作铁人事迹报告、观看新时期铁人科技成果展等多种方式，进行大庆精神的熏陶和感染。

（三）后续活动

我校用大庆精神引领学风建设，浓厚校园学习氛围，激励广大学生奋发学习、立志成才、报效祖国。采取积极有效的措施，组织开展了"创优良学风，建和

谐校园"主题教育、"建设优良学风"主题团活、"发挥学生党员在学风建设中的模范作用"专题研讨等各具特色的学风建设活动,举办了科技文化讲座、学术报告、学习经验交流会、逆境成才事迹报告会,开展了外语竞赛、数学建模竞赛、大学生创业竞赛等活动。这些活动和措施有力地推动了学风建设,收到了良好效果。

四、工作经验与启示

（一）工作经验

借助一切优势,开展特色活动,传承大庆精神。东北石油大学地处大庆市,占据大庆油田这一得天独厚的地理优势,在铁人纪念馆、"松基三井"、1205 钻井队等多地开展了报告会、观影、参观等各种极具特色的主题活动,引领学生在了解铁人事迹的同时,感受、陶冶道德情操,培养爱国情感,感悟人生真谛,增长真才实干。

（二）工作启示

我校在校园文化建设中,始终主打大庆精神这一育人特色。随着学校的不断发展,全校上下更加注重校园文化建设,从教师员工到在校学生、从课堂之上到校园内外,全方位、多视角、立体化渗透大庆精神,不断深化校园文化内涵,推进校园文化发展,适应新时期社会主义文化大发展大繁荣的要求。

同学们参加传承铁人精神话筒主持人比赛

"铁人精神镌我心,大庆精神印我心"

重走长征路・传承铁人魂・坚定跟党走・共筑中国梦

——东北石油大学校学生会暑期社会实践

组织单位:东北石油大学校学生会

举办时间:2016 年 7 月 1 日至 7 月 24 日

覆盖范围:东北石油大学全体师生

一、实践背景

在弘扬长征精神的大背景下,为纪念长征胜利 80 周年,响应共青团大学生暑期"三下乡"社会实践的号召,结合大庆建设与发展的实际需要,以传承和弘扬大庆精神、铁人精神为切入点,开展本次暑期社会实践活动。大庆精神、铁人精神享誉中外,始终伴随着大庆油田的开发建设而不断丰富完善,概括起来是八个字"爱国、创业、求实、奉献",它所展示的是石油人坚定的信念、崇高的境界和执着的追求。

几十年来,为国争光、为民族争气的爱国主义精神,独立自主、自力更生的艰苦创业精神,不仅在石油战线发挥了巨大作用,而且激发了全国各族人民强烈的民族自豪感,鼓舞各条战线的广大干部群众为建设社会主义事业顽强拼搏。

二、实践的目标与意义

(一)丰富师生历史文化,展现良好风貌

为了纪念中国共产党成立 95 周年,红军长征胜利 80 周年,并继承和弘扬大庆精神、铁人精神,我校实践团队结合大庆自身的特点,在大庆本地开展社会实践活动。探寻大庆油田的发展历程,寻访"老石油会战",重游老石油故地,重温那段记忆,感受那段艰苦岁月。

（二）搭建师生沟通平台，促进思想交流

大学生作为先进思想的前沿群体，是推动社会进步的重要力量，要时刻牢记肩上的责任和使命，坚定不移跟党走中国特色社会主义道路，将长征精神、大庆精神自觉内化为饮水思源感党恩、坚定信念跟党走的具体行动中。

（三）培养师生学习意识，提高政治思想

此次实践着力深化青年大学生思想政治引领工作，引导学生增强道路自信、理论自信和制度自信，让学生接触社会、了解社会、服务社会，增强爱国主义精神。

三、实践实施方法和过程

（一）实践方法

本次的实践方法采用访谈调查法、参观法、实地考察法、参阅文献法四种方法。

访谈调查法：开展一次交流会，邀请"老会战"与同学们讲述大庆油田发展建设的心路历程，使铁人精神、艰苦奋斗精神在东油人心中得以传承和弘扬。

参观法：参观东北石油大学校史馆、大庆油田历史陈列馆、铁人纪念馆、大庆油田 1205 钻井队，了解大庆油田建设历程与红色历史。

实地考察法：观察并拍摄了大庆采油区的工作实况。

参阅文献法：前期准备，仔细查阅了有关红军长征及大庆发展史的书籍。

（二）实践过程

1. 一个出征式：7 月 1 日早上 7 点

2. 一台小演出：7 月 1 日晚上 7 点

3. 一段红历史——参观东北石油大学校史馆、大庆油田历史陈列馆、铁人纪念馆、大庆油田 1205 钻井队：7 月 3 日

4. 一走长征路：7 月 1 日 ～7 月 15 日

5. 一次交流会：7 月 10 日

6. 一篇成果集：7 月 16 日

7. 遵义会师：7 月 23 日 ～7 月 24 日

四、实践的内容

（一）一个出征式

此次出征式是以纪念中国共产党成立 95 周年，红军长征胜利 80 周年，继承

和弘扬大庆精神、铁人精神,引导学生增强道路自信、理论自信和制度自信,让学生接触社会、了解社会、服务社会,为实现伟大中国梦贡献青春力量为背景。回顾我校历年来社会实践具体情况,并介绍本年度暑期社会实践总体安排部署。

(二)一台小演出

7月1日是党的生日,我校特举办以"东油魂,兴党业"为主题纪念建党95周年暨红军长征胜利80周年文艺晚会。

此次晚会彰显了党组织的号召力、凝聚力、战斗力,参加社会实践的每一位同学都深受感染,石油会战大军进军荒原的历史镜头、演员们表演的"人拉肩扛运钻机""破冰取水保开钻"将学生们带回那段激情燃烧的岁月,现场的老会战、老石油工人倍感欣慰。当"别再让国家为石油发愁"的喊声响起时,老会战激动得留下了泪水。

(三)一段红历史

为了进一步了解大庆油田发展史,了解大庆油田建设历程与红色历史,在东油学子中传承红色基因,传播大庆铁人精神、艰苦奋斗的精神,在新时期下,不断赋予铁人精神新的内涵。我校实践团队怀着激动的心情,特前往东北石油大学校史馆、大庆油田历史陈列馆、铁人纪念馆、大庆油田1205钻井队等地进行参观。参观中,实践队员见到了大量现在已成为文物的展品,有周总理在大庆用过的毛毯、铁人人拉肩扛的钻井主机、使用了42年依然完好无损的大闸门、"五把铁锹闹革命"用过的铁锹锄头等。在没有公路、车辆不足的情况下,王进喜带领全队靠人拉肩扛,把钻井设备运到工地,以"宁可少活二十年,拼命也要拿下大油田"的顽强意志和冲天干劲,苦干五天五夜,打出大庆第一口喷油井。"有条件要上,没有条件创造条件也要上",深刻的体现出铁人王进喜为国分忧、为民族争气的爱国主义精神和埋头苦干的奋斗精神。

(四)一走长征路

长征是人类历史上的伟大奇迹,也是人类历史上艰苦奋斗精神的楷模。而大庆精神也是中华民族精神的重要组成部分。"爱国、创业、求实、奉献"的大庆精神始终伴随着大庆油田的开发建设而不断丰富完善。从旧的石油勘探遗址到新的勘探基地,从最初打响油田第一枪的松基三井到如今的萨尔图、杏树岗和喇嘛甸三大主力油田,我校实践团队,怀着一种敬畏心理,秉承着长征精神的传统,模拟长征路线,探寻当年的开拓之路,找寻当年进取发展的影子。

（五）一次交流会

大庆石油会战不仅为我国的石油工业打下坚实的基础,同时也涌现出王进喜等一批具有时代精神的劳动模范,他们发扬和创建了"铁人精神""八三传统"。通过与石油老会战的交流与学习,学生们加深了对石油会战的了解,也深刻的体会到了当今幸福生活的来之不易,从而让青年学生更加坚定步伐,为祖国的建设贡献属于自己的一份力量。

我校实践团队有幸请到了两位参加老会战的战士——张中唐爷爷和芦桂兰奶奶,莅临大学生活动中心给大学生讲当年石油会战的故事。

芦桂兰奶奶认为石油人应具备"要坚持一颗勇敢的心,脚踏实地,实实在在为大庆建设,让大庆这面旗帜永远飘扬"的品质。张中唐爷爷还表示:"当代的社会发展,首先要有文化,懂科学,要把目光放长远,不能专注于自己的一点私利,最重要的是时刻意识到自己肩上的责任。"

最后,爷爷奶奶也对实践队员给予了深深的希望,希望实践队员能努力学习先进的知识文化。他们不仅应该得到大学生的敬佩,他们的精神更值得大学生学习与发扬。作为新时代的青年,应该时刻意识到肩上的责任,把传承大庆精神、铁人精神落实到实际行动中去,用科学文化知识武装自己,让大庆精神、铁人精神代代相传生生不息。作为未来社会发展的接班人,一定要让大庆越来越好,让国家越来越强大。

（六）一篇成果集

整理汇编红色图文集,撰写调研报告,将这些天社会实践过程中的所见所闻汇集到一起,充分展示出在荒无人烟的草甸上,大庆人民用辛勤的双手,火热的建设热情完成了全国工业旗帜和标杆的社会主义建设的过程,并在交流会上分享社会实践中的见闻与感悟。

（七）遵义会师

1. 参观学习

实践团队前往位于遵义市老城杨柳街的红军总政治部旧址、红军遵义警备司令部旧址以及位于湘江边的红军山烈士陵园进行参观学习。

第一站:红军总政治部旧址

红军总政治部的经堂位于北端,是一座罗马式建筑;学堂位于南端,是一组木质结构的平房建筑。同学们通过参观学习了解到红军进驻遵义后曾在经堂内召开过群众大会。

第二站:红军遵义警备司令部旧址

1935年1月7日,中央红军第一军团二师六团占领遵义城,即决定成立遵义警备司令部。红军遵义警备司令部的成立,对确保遵义会议的顺利召开,和以遵义为中心的苏区根据地的建立,作出了重要的贡献。

第三站:红军山烈士陵园

首先映入眼帘的是高的令人肃然起敬的台阶,在经过艰难跋涉后,实践队员们终于看到了烈士纪念碑的全貌,上面是由邓小平同志书写的"红军烈士永垂不朽"八个大字。在烈士陵园肃穆的气氛下,实践队员们向纪念碑鞠躬表达对烈士的缅怀与哀思。

2. 祭奠活动

7月25日上午11点,红军山烈士陵园祭奠活动开始,共青团贵州省委书记涂妍,遵义市委常委、市委秘书长宋晓路向烈士纪念碑敬献花篮,各地高校学生向烈士纪念碑敬献鲜花。共青团贵州省委书记涂妍作重要讲话:"缅怀先烈、追寻足迹,是为了记住历史、不忘初心、继续前行。习近平总书记指出,95年来,我们党取得的所有成就都凝聚着青年的热情和奉献,全国广大青年要深刻了解近代以来中国人民和中华民族不懈奋斗的光荣历史和伟大历程,要让红色基因代代相传。牢记总书记的殷切嘱托和期望,我们来到这片红色圣地,学党史、知党情、感党恩,高举团旗跟党走,勇做新长征路上的奋进者。让青春在为祖国、为人民、为民族的奉献中焕发出绚丽光彩。"活动中,我校实践团队向烈士纪念碑深深鞠躬并敬献鲜花,鲜艳的东油校旗在遵义烈士陵园飘扬。活动结束后,全体人员瞻仰红军烈士陵园,缅怀革命先烈,追忆峥嵘岁月。

3. 文艺汇演

7月25日晚20点,由共青团中央学校部、共青团贵州省委、中共遵义市委、遵义市人民政府、贵州省学联主办,中共遵义市委宣传部、共青团遵义市委、遵义市演艺集团承办的"红色基因代代传·长征精神永放光"总结大会暨文艺演出活动在遵义市汇川艺术中心举行。共青团中央学校部部长杜汇良、共青团贵州省委书记涂妍、共青团贵州省委副书记闵江涛、中共遵义市委常委市委秘书长宋晓路出席活动。北京大学、华中师范大学、武汉大学、浙江大学、南开大学、复旦大学、东北石油大学等全国50所高校代表以及大学生国情观察团等团队共计300余人齐聚一堂,共襄盛举。

活动上,中共遵义市委常委市委秘书长宋晓路、共青团贵州省委副书记闵江涛向"贵州民族大学赴遵义红色记忆调研服务队"等全国十支优秀实践团队颁奖。

团中央学校部部长杜汇良、共青团贵州省委书记涂妍为"红色记忆芯片"优秀作品颁奖。随后,共青团中央学校部部长杜汇良、共青团贵州省委书记涂妍、遵义市委常委市委秘书长宋晓路启动全国高校首批"青年学生·红色记忆芯片库"。至此,本次"红色基因代代传·长征精神永放光"2016年暑期大学生遵义实践活动圆满结束。

五、实践的经验与启示

通过此次社会实践活动,让青年学生深深感受到那段岁月的艰苦,了解大庆的发展经历了一个从无到有的辉煌过程。同时也感受到了青年学生身上肩负的社会责任和使命,理解到了真正的大庆精神、铁人精神。

为了践行铁人精神和大庆精神,青年学生应该加强理论与实践的结合,立足本职工作,埋头苦干,奋发进取,保持奋发向上的精神态度,时刻保持工作的科学性、计划性以及高效率,自觉以"持续有效发展,创建百年油田"为己任,爱岗敬业、无私奉献,攻坚啃硬、勇挑重担,越是急、难、险、重的关键时刻,越要表现出强烈的主人翁责任感。

在新时期新形势下,作为新一代大庆儿女,青年学生更应该发扬大庆精神、铁人精神,保持昂扬向上的精神状态,为新时代和谐社会的发展奉献出自己的力量。大学生需要不断丰富自己的知识含量,磨炼自己的意志,锻炼自己的能力,为实现中华民族伟大复兴而奋斗。

传承使命，共筑未来

——东北石油大学共青团基层组织建设创新工作

组织单位:共青团东北石油大学委员会

创办时间:2012 年

举办时间:每年 12 月

覆盖范围:东北石油大学各二级学院团委

一、活动背景

随着新时期的发展,我校基层团组织工作取得了良好的成果。共青团东北石油大学委员会为解决基层团组织建设中存在的基层团支部活力不足、作用发挥不明显、团员青年参与活动积极性难以调动等问题,于 2012 年下半年启动了团建创新工程,以"团建工作创新立项"的形式在基层团组织中进行了试点。

二、活动目标与意义

(一)选题广泛,不断创新完善工作方法

我校团建创新选题紧紧围绕加强基层团组织建设这一主题,并将基层团组织这一工作延伸向四面八方。

通过团建创新工作激发出更多鲜明突出的主题,结合众人的想法和智慧,不断寻求和丰富我校基层团组织建设的新方法。

(二)深化创新,加强基层团组织建设

共青团东北石油大学委员会将逐渐规范项目的管理,不断推进和深化"团建创新工程",加大创新型团委的建设力度,通过团建创新活动不断创新加强基层团组织建设的新方法,充分发挥共青团在学校育人中的积极作用,同时解决我校基层团组织在建设中存在的问题。

三、组织实施

（一）前期准备

每年9月,"团建创新工程"正式拉开帷幕,共青团东北石油大学委员会结合当代共青团建设背景下的新形势与新要求,根据工作要点,为加强我校基层团组织建设,充分发挥共青团在学校育人中的积极作用,解决基层团组织建设中存在的问题,积极启动了团建创新工程项目,以"团建工作创新立项"的形式在各基层团组织中进行了试点。共青团东北石油大学委员会将逐渐规范项目的管理,不断推进和深化团建创新工程,加大创新型团委的建设力度。通过把握主题方向,正确引导各二级学院团委进行团建创新开题论证的工作,实现课题项目化和规范化。

（二）活动实施

每年12月,团建创新项目结题答辩会在机关一楼会议室举行,届时将有评委老师、各学院团委书记及近200名学生参加答辩会。会上,13位项目负责人就各自负责的项目进行成果展示。通过PPT图文并茂地讲解了项目的选题背景、创新点,团建创新的思路、做法、实施情况和效果,并就评委的提问进行了精彩的答辩。评委们在审阅材料的基础上,根据现场陈述答辩情况,分别评选出特等奖、一等奖、二等奖、三等奖以及优秀奖若干。

项目负责人老师进行展示 PPT

听取项目展示的评委老师

（三）后续活动

共青团东北石油大学委员会对团建创新各项工作进行总结，并在东北石油大学新闻网上发表相关新闻，不断深化项目化的团建创新工程，做好基层团组织建设基础工作，督促各二级学院团委重视团建基础工作。

同时，围绕"五四""纪念建党95周年""纪念长征胜利80周年"等重大节庆日开展星火团校、青马工程培训课、2016"三下乡"社会实践活动及系列青年志愿服务，举办"我的成长故事"交流会、分享会等活动，为学校学风建设的发展贡献了青年力量。

四、工作经验与启示

（一）工作经验

1. 通过对获奖项目的展示，推动团建创新工程持续进行。

自"团建工作创新立项"在基层团组织中进行试点开始，首批确定的团建创新试点项目共有11项，经过共青团东北石油大学委员会的初评，每年都有若干个项目进入评奖展示环节。最终，共青团东北石油大学委员会对获奖项目进行奖励与展示，这一做法让团建创新工作由试点走向常规，推动了团建创新工程的进行，扩大了团建创新工程的传播。

2. 跟进对优秀项目的基层团组织试点工作，推进基层团组织建设

共青团东北石油大学委员会为解决基层团组织建设中存在的基层团支部活力不足、作用发挥不明显、团员青年参与活动积极性难以调动等问题，启动了团建创新工程、分批确定优秀团建创新试点项目，并提供部分资金支持，在基层团组织中进行试点，推动我校基层团组织建设。

答辩会颁奖环节

与会人员合影

（二）工作启示

共青团东北石油大学委员会一直以青年马克思主义者培养工程、团建创新立项等活动为工作主线，开展各项思想教育活动，鼓励各基层团组织创先争优，不断创新，正确引导各二级学院团委进行团建创新的各项工作，在逐步实现课题项目化和规范化的同时，发现我校共青团基层组织建设中存在的问题，分析和研究解决问题的思路，积极探索新形势下团组织工作新方法，推动基层团组织建设。

花开绽放

——东北石油大学庆祝"三八"国际妇女节暨工会总结表彰活动

组织单位:东北石油大学工会

创办时间:2016 年 1 月

举办时间:每年 3 月

覆盖范围:东北石油大学各基层工会负责人、工会工作先进个人、工会活动积极分子、优秀女职工代表等

一、活动背景

一直以来,我校立足以人为本,坚定民主管理,扬起了发展的红旗,鼓动了进步的风帆。学校工会在学校党委的领导下,锐意进取、真抓实干,加强"教代会"民主管理,开展三育人工作,提升服务意识,关爱教职员工和困难大学生,促进了学校民主政治建设,弘扬了时代师德新风尚。我校各项文化活动继续蓬勃发展,参加了省市体育、书法、摄影、文艺演出等大型比赛,取得了可喜成绩,涌现出了一批有责任意识、勇于担当的标兵与模范。他(她)们立足岗位,积极进取,勇于奉献,开拓创新。为表彰先进,营造干事创业的良好氛围,特举办"花开绽放"东北石油大学庆祝"三八"国际妇女节暨工会总结表彰活动。

二、活动的目标与意义

（一）表彰先进,营造全校上下学先进、当先进的良好氛围

表彰一年来我校涌现出来的"四好女职工""巾帼标兵""工会活动积极分子""工会先进个人""建功立业标兵岗"和"工会工作先进集体"等先进单位和个人代

表,弘扬先进,发挥正能量,为建立高水平特色大学作贡献。

（二）通过多种形式的活动,展示东北石油大学女职工奉献学校的动人风采

受到表彰的先进集体和个人代表以歌舞、朗诵、相声剧等艺术形式的活动,载歌载舞,庆祝节日,展示东油女职工的动人风采。大家对学校的关心和关爱表示感谢,表明今后要以感恩的心在"东油"工作,以负责的心在"东油"生活,在各自的岗位上,踏实地把本职工作做好。只有学校发展得好,学校中的每个人才会有更加稳定的工作环境和良好的发展机遇!

三、组织实施

（一）发布关于开展 2015 年全校女职工建功立业活动先进集体、先进个人的通知

2015 年全校各二级女职工组织坚持围绕中心工作,服务大局,以"亲职工、爱职工、为职工,全心全意为职工服务"为核心理念,积极发挥女职工作用。为表彰先进,树立榜样,激励全校女教职工在全面推进学校高水平大学建设中再立新功,校工会、校女职工委员会决定,在全校女职工中开展评选表彰 2015 年建功立业标兵岗、巾帼标兵、"四好"女职工,现将有关事宜通知如下:

1. 要求

各二级女职工组织要认真做好总结评比活动,通过总结评比推荐本单位"岗位好职工、家庭好角色、社会好公民、和谐好家庭"四好女职工,在此基础上各单位推出一名巾帼标兵,在全校范围内评选出 8～10 名巾帼标兵（事迹材料 1500 字左右）,推荐要在群众评选基础上,并征得本单位党组织同意上报校工会。

2. 注意事项

（1）"四好"女职工要严格按照校工会拟定的名额进行评选,表彰"四好"女职工名额为女职工总数的 5%;

（2）参评"建功立业标兵岗"的条件是各二级院（部）的三级系或教研室、其他教辅单位的科室（女职工不得少于 10 人）,女职工人数占 60% 以上单位;

（3）各单位务必于 12 月 30 日前将各自推荐的巾帼标兵事迹材料和推荐的建功立业标兵岗、"四好"女职工推荐表（A4 纸打印）一式一份报校工会（机关楼512、515、517 室）。

（二）发布关于开展 2015 年终工会工作总结表彰活动的通知

一年来,学校工会在深入学习调研的基础上,紧密结合当前工会工作面临的

新形势和新要求,密切联系学校发展和部门工作实际,为服务学校科学发展作出应有的贡献。在推动学校大发展、快发展和持续发展的工作中,充分发挥工会的桥梁纽带作用,圆满完成了各项工作任务。各级工会组织结合群众路线教育实践活动,不断加强工会自身建设,全面履行工会的各项职能,开展了适合工会特点的各项活动,各项工作都取得了显著的成绩。为总结 2015 年工会工作,表彰在工会工作中涌现出来的先进单位和先进个人,校工会决定在全校工会系统开展年终总结评比活动。现将有关事宜通知如下:

1. 具体要求

(1)各基层工会组织在本单位党组织的统一安排下,全面回顾总结一年来工会的各项工作,要通过召开全体会员大会作工作总结;

(2)各基层工会组织要认真撰写总结材料(一律用 A4 纸打印),校工会将根据基层上报的总结材料及各方面工作情况进行综合评定,评选出"工会工作先进集体"进行表彰,表彰名额另行确定;

(3)各基层工会组织在总结工作的基础上,严格按照校工会拟定的比例进行评选、表彰,向校工会推荐的"工会活动积极分子"名额为工会会员总数的 3%,各单位推荐一名"工会优秀工作者"。优秀工会工作者的推荐申报对象为基层工会专兼职干部,且从事工会工作的时间不少于一年。工会活动积极分子的推荐申报对象为基层工会会员代表和热心参加工会活动的骨干。

2. 注意事项

(1)各基层工会的总结材料、《工会工作先进个人荣誉登记表》(可打印)于2015 年 12 月 30 日前报校工会(机关楼 512、515、517 室);

(2)各单位在评选"工会工作先进个人"时,要充分考虑积极从事工会工作各项活动的骨干;

(3)发生重大责任事故的集体和直接责任人不得参加评选。

(三)花开绽放——东北石油大学庆祝"三八"国际妇女节暨工会总结表彰活动

主持人宣布东北石油大学"花开绽放"工会表彰活动开始并介绍与会领导。活动主题:花开花谢,从过去的奋斗中走向远方,痴迷留恋的是光荣与梦想;踌躇满志,向往眼前一切的美好,坚定执着的是奋斗与务实。歌舞《你们辛苦了》之后,颁发奖项"四好女职工":披星戴月,他们用粉笔丈量人生;寒来暑往,他们用爱心传递文明。四好女职工代表为大家带来朗诵《青春在这里绽放》。下面颁发"巾帼标兵""工会活动积极分子""工会工作先进个人"奖。在歌曲《在那遥远的地方》

之后,颁发的奖项是"建功立业标兵岗"。获奖的集体代表带来舞蹈《鲜花永远陪伴你》,之后颁发的奖项是"工会工作先进集体"。接着表彰获得大庆市总工会、市妇联表彰的先进集体和先进个人:获得职工模范工会之家称号的化学化工学院、图书馆;获得最美职工集体称号的后勤集团校医院;获得工会优秀工作者称号的机关工会主席司国海、校宣教文体部部长陈云;获得工会活动积极分子称号的姜建国、韦丹宁;获得最美女职工称号的董宏丽;获得三八红旗手标兵称号的石颖、吕秀丽;获得三八红旗手称号的张晓霞;获得最美家庭称号的周慧、李卓。活动在歌舞《高歌向未来》后结束。

活动照片集锦:

四、工作经验与启示

（一）将传统的表彰活动与节目表演结合起来，进一步创新工会活动形式

传统意义上的总结和表彰，就是"四好女职工""巾帼标兵""工会活动积极分子""工会先进个人""建功立业标兵岗"和"工会工作先进集体"等先进单位和个人代表进行上台颁奖，形式并不新颖。通过举办本次活动，将总结表彰和节目汇演结合在一起，最重要的是受表彰的同志自己表演节目，展示风采，真正体现大家对工会组织的认可和肯定。

（二）通过致颁奖词的方式，向受到表彰的集体和个人致敬

在每次颁奖之前，都有相关领导致颁奖词，通过一人倾情讲述、多人共听的方式，对领奖人精准定位并进行艺术加工，获得全体参与人员的强烈共鸣。例如以下颁奖词：没有华丽的言辞，只有坚实的脚步；没有浮夸的说教，只有精确的行动；没有醒目的身影，只有傲人的业绩。淡定从容是你永恒的魅力，捷报频传是我们永久的记忆，祝贺您成为无尽奉献、锐意进取、身为人先的东北石油大学优秀个体。

挖掘潜能，提升自我

——东北石油大学第四届辅导员职业技能大赛

组织单位：东北石油大学学生院
创办时间：2012 年
举办时间：2016 年 12 月
覆盖范围：东北石油大学专职辅导员

一、活动背景

为深入贯彻落实中共中央、国务院《关于进一步加强和改进大学生思想政治教育的意见》、教育部《普通高等学校辅导员队伍建设规定》和《黑龙江省普通高等学校辅导员队伍建设实施办法》等系列文件精神，进一步提高我校辅导员队伍的职业技能和服务水平，加强我校辅导员队伍建设，推动辅导员专业化、职业化发展，东北石油大学学生院通过举办辅导员职业技能大赛等多种形式的活动，坚持把立德树人作为中心环节，因事而化、因时而进、因势而新，不断加强对辅导员队伍的培养，努力提高辅导员队伍的工作能力和工作水平。

二、活动目标与意义

通过开展辅导员职业技能大赛，夯实辅导员工作基础，提升辅导员专业技能，提高辅导员业务素质，推进辅导员队伍专业化建设；树立辅导员职业形象，展示辅导员职业风采，强化辅导员职业认同，推进辅导员队伍职业化建设；激发辅导员工作热情，规范辅导员工作开展，提升辅导员职业地位，提高辅导员工作科学化水平，进一步加强和改进大学生思想政治教育，促进大学生全面健康成长。

三、组织实施

东北石油大学第四届辅导员职业技能大赛由学生院、校工会主办,各二级学院学生工作组织协办,专职辅导员自愿报名参赛,兼职辅导员只观摩比赛,不参加比赛。

(一)活动时间

报名时间:2016 年 10 月 1 日前

比赛时间:2016 年 11 月至 12 月

(二)比赛内容、评分标准及成绩计算

1. 比赛内容

(1)自我介绍与案例选讲:辅导员对个人情况和工作指导思想、工作思路进行介绍与展示,并选讲在自己学生工作中的成功案例,考场可提供多媒体设备,如需其他道具请自备。每位选手限时 8 分钟,选手需提供 PPT。

(2)主题班会:参赛选手自行设计班会主题,既可以是一次主题班(团)会,也可以是一次主题教育活动。要求主题鲜明,内容具体,目的明确,符合教育规律,突出实效性,易于学生理解和接受。视频光盘的具体要求为:视频光盘为 RMVB 或 AVI 格式,时长 10 分钟,画面清晰干净,色彩正常。

(3)主题演讲:主要考察辅导员语言表达能力和逻辑思维水平。参赛选手现场抽题,根据指定主题进行演讲,限时 5 分钟。

2. 评分标准

(1)自我介绍与案例选讲:评委根据选手表现评分,每位选手总分 100 分;

(2)主题班会:总分 100 分;

(3)主题演讲:总分 100 分。

3. 比赛成绩计算(总分 100 分)

自我介绍与案例选讲得分 ×0.4 + 主题班会得分 ×0.3 + 主题演讲 ×0.3 = 总成绩。

注:决赛时如果出现平分,基础知识环节分数高的辅导员晋级,如果仍然平分由评审委员会最终决定。

(三)相关要求

各二级学院学生工作组织要加强对第四届辅导员技能大赛的组织与管理,鼓励和支持本学院全体辅导员积极参与比赛,通过此次辅导员技能大赛活动的开展,进一步营造我校广大辅导员加强学习、提高素质、提升工作的良好氛围,把组织参与比赛活动作为提高辅导员队伍素质的过程,作为交流经验、创先争优的过程,以赛促建,进一步推进我校辅导员队伍建设,不断提升我校大学生思想政治工作的科学化水平。

(四)评委组成

党委宣传部部长张智勇,学生院直属党总支书记历玉英、院长张亚志,校工会副主席杨国峰,招生就业处副处长贾辉,校团委副书记段志雁担任评委。

(五)奖励与表彰

最终奖励根据进入决赛的辅导员的得分由高到低依次确定获奖等级,此次辅导员技能大赛经过激烈角逐,地球科学学院赵瑛杰获得特等奖;土木建筑工程学院宋建申、外国语学院郑丽芹获得一等奖;数学与统计学院高芳芳、外国语学院任珍珍、经济管理学院李娟获得二等奖;计算机与信息技术学院马赛、电气信息工程学院周全、石油工程学院李琳琳、艺术学院张潇月获得三等奖,学生院将对获奖的个人给予奖励与表彰。

表彰大会图片

四、工作经验与启示

通过举办辅导员职业技能大赛,提高了辅导员的职业素养,搭建了辅导员间学习和交流的平台,提升了辅导员队伍的素质和能力。选派获奖选手参加国家级、省级辅导员职业技能大赛,起到了"练兵"的作用,对提高我校学生工作声誉起到了很好的作用。

科技创新篇

夯实基础

创新推动社会进步

——毕业生 GYB 创业培训活动

组织单位:共青团东北石油大学委员会

举办时间:2013 年 5 月 12 日

覆盖范围:东北石油大学全体毕业生

一、活动背景

为响应国家"全面实施素质教育,培养学生创业精神,鼓励多渠道多形式就业,促进创业带动就业"的发展战略,我校为更多有创业想法的毕业生提供学习交流平台,帮助其提升综合素质和创业技能,激发学生的创业意识,点燃毕业生的创业激情。东北石油大学坚持大庆精神育人,全面提高学生的基础知识、创业能力、实践能力、个人品质。近年来,随着就业压力不断增大,自主创业成了广大毕业生的不二选择。因此,学校团委带头组织了这次 GYB 创业培训活动。毕业生 GYB 培训活动有助于启发思维,让广大毕业生产生创业想法,树立正确的创业意识。

二、活动目标与意义

（一）结合社会背景，了解创业知识

在整体就业紧张的社会环境下开展，为更多有创业想法的毕业生提供交流平台，有利于提升学生的整体素质，缓解就业压力。

（二）学习创业知识，树立创业意识

让学生了解自己是否具备创业的素质和能力，帮助学生产生创业想法，与参与培训课程的潜在小老板共同进行头脑风暴，探讨周边存在的创业机会，帮助想要创业的毕业生迈出创业的第一步。

三、组织实施

本次活动的课程设置包括以下三项：

第一，帮助学生梳理每一个创业想法，并挑出其中最具吸引力、对环境的负面影响最小、最适合个人情况的那一个。

第二，使学生对自己是否适合创业有一个更好地了解，帮助学生树立明确可行的、适合自己性格和所处环境的创业想法。

第三，通过培训，学生将学到一定的创业知识，具备初步的创业能力。

四、工作经验与启示

第一，活动前做好各项工作的人员安排和准备工作，做好各项应急措施，确保活动顺利举行。

第二，立足整体统筹全局，力求达到最好的宣传效果，扩大活动的影响，使活动不仅具有观赏性，更具有学习性。

第三，活动结束后及时做好活动记录、活动总结，在活动过程中发现问题并及时解决，吸取经验。

第四，可以扩大学生的参与范围，由毕业生推广到全校学生，普及创业知识，减轻就业压力，助力广大学生的创业梦想。

点燃创业激情·点亮人生梦想

——东北石油大学"创想东油"大学生创新创业大赛

组织单位:共青团东北石油大学委员会

创办时间:2014 年

举办时间:2014 年 12 月 12 日

　　　　2015 年 12 月 5 日

　　　　2016 年 11 月 12 日至 13 日

覆盖范围:东北石油大学全体在校学生

一、活动背景

　　"创想东油"大学生创新创业大赛由校团委主办,校大学生创业联盟承办,旨在激发大学生创新创业精神,推进创业项目转化,营造创新创业氛围,深化创新创业教育。东北石油大学秉持着"艰苦创业、严谨治学"的校训,将创业与求知放在同等的高度。在就业形势依然严峻的今天,不论是大学生创业还是大学生就业,都是国家关心的问题,也是社会热议的话题。在市场经济日趋成熟和完善的今天,创业对于当代大学生具有特殊的意义。它关系到社会的可持续发展,也关系到后备人才资源的储备。因此,要给有新锐的创业思想、优秀的创业思维、高效能的执行能力的优秀大学生提供一个挥洒创业激情、结交创业伙伴、提升创业技能的平台,展现其创业才华和能力,并通过对其创业想法的评审与奖励,鼓励学生通过对社会及市场的观察,结合自身特点,策划制定有一定实际价值的创业方案。在创业过程中,培养我校学生的创新实践能力和市场经济思维,同时,引导和帮助在校大学生学习创业知识,提高创业技能,提升我校学生的创业竞争力。

二、活动目标与意义

（一）发现梦想

梦想是生命的导航，生命因梦想而精彩。任何有所成就的人，都是历经千辛万苦，突破困境，才能有如今的一番作为。然而，追求的过程必然会遇到挫折，要让同学们发现自己的梦想，有前进的动力，更努力地去突破，这样才能尝到成功的甜美果实，踩着坚定的步伐，去追逐自己的梦想。

（二）点亮梦想

发现梦想是远远不够的，为了拉近梦想与同学们之间的距离，给同学们一个更好的舞台，我校以"弘扬创新精神，倡导创业理念，促进成果转化，造就未来人才"为宗旨启动了本次活动。人生的路，因为有了梦想这盏灯便不再黑暗；生活，因为有了梦想这盏灯而不再单调。因为心中有梦，再黑，再远，再难走的路我们都不会胆怯。青春会因梦想而更加精彩，给自己点亮那盏梦想之灯吧！

（三）设计未来

大学生创业成功的例子越来越多，成为一个创业者成了广大学子的梦想。创业设计也显得格外重要，"过去属于死神，未来属于你自己"，新世纪的新一代，为了未来，奋发"设计"吧。

三、组织实施

（一）第一届创业大赛

2014 年 12 月 12 日，我校首届"创想东油"创业计划大赛决赛在机关一楼会议室举行。大赛共有从预赛 37 个创业团队中脱颖而出的 10 个创业团队，50 余名大学生创业者进入决赛环节。

大庆市青少年新媒体协会会长、市青年联合会常务秘书长、市青年商会副会长杨春来，大庆首创股份投资基金管理有限责任公司总经理丰平，达内集团黑龙江总经理冯明，大庆北国温泉总经理、大庆悦云天旅游创始人邓秋天，大庆庄子心理学校校长庄然担任比赛的评委。

初赛为项目展示与答辩。参赛团队结合 PPT 对其创业计划、创业理念、创业项目类型及远景规划等方面进行陈述，评委们则从市场前景、竞争策略等方面进行提问，并给予可行性建议。

决赛为团队互辩，双方团队从技术创新、风险评估、营销策略等方面进行 PK

问答,气氛热烈。

最终,来自外国语学院的喵咪团团队项目"'喵咪女生网'——女生们的专属网站"获得一等奖,经济管理学院的博天校园服务团队项目"博天校园服务水果O2O"和地球科学学院的学城百事通创业团队项目"掌上大学生活平台APP'学城百事通'"获得二等奖,电气信息工程学院的团队项目"清流学子旅游服务有限公司"、电子科学学院的大学生电商创业团队项目"电商销售"和化学化工学院的团队项目"观赏净化生态缸"获得三等奖,外国语学院的王子与公主团队、化学化工学院的蓝天科技团队、数学与统计学院的时代羽翼团队、机械科学与工程学院的团委宣传梦想队获得优秀奖,地球科学学院团委、计算机与信息技术学院团委获得优秀组织奖。

杨春来对这次活动进行了点评,他鼓励"东油"学子要敢于将思维想法转为实际行动,踏实前行,实现梦想。

参赛选手与评委嘉宾合影留念 2014 年

(二)第二届创业大赛

2015年12月5日,第二届"创想东油"大学生创新创业大赛在校机关一楼会议室举行。

中关村大学生创新创业就业促进会理事、大庆市众创空间企业管理有限公司董事长武振平,易道伟德(黑龙江)电子商务有限公司董事长、大庆市富帮盛世电子科技有限公司董事长张浩,国际创意产业联盟黑龙江事业部总经理、黑龙江路演文化发展有限公司董事长王健,国际创意产业联盟黑龙江事业部执行总监、路演平台大庆运营中心执行总监莫喜庆,大庆中小微企业家商会宣传部长、大庆思路文化传媒董事长王林江担任评委。我校团委副书记段志雁、苍留松,社团文体部部长郝辉南,科技实践部副部长马苒苒,以及部分学院团委书记和近 200 名学生共同参加了大赛。《大庆日报》《大庆晚报》、大庆电视台等媒体对这次活动进行了跟踪报道与采访。

本届大赛由校团委主办,校大学生创业联盟承办,旨在大学生激发创新创业精神,推进创业项目转化,营造创新创业氛围,深化创新创业教育。共有 51 支团队报名参赛,分为“创客组”和“创业组”。

初赛为项目展示与团队介绍。项目展示要求选手对自己的项目进行概括性的介绍,团队介绍要求选手对自己项目中的分工、职能进行具体的介绍。

经过初赛选拔,16 支团队入围决赛。决赛采用“8 + 7”赛制,即“8 分钟项目路演”和“7 分钟选手答辩”。在路演环节中,参赛团队通过 PPT 展示项目特色,阐述项目价值,介绍营销模式,进行路演推广;在答辩环节中,评委针对选手的表现进行提问,结合自身创业经验对项目的可行性、创新点、市场前景、营销模式进行分析和点评,对项目的落地转化、融资方式、运营管理和发展方向进行指导和建议。在点评中,各位评委强调大学生创业应立足专长、夯实基础、创新思维、勤奋务实,点评的同时,也对全体学生进行了生动、丰富的创新创业教育。

参赛团队在进行路演培训 2015 年

选手们与各位评委、老师合影 2015 年

最终，在创业组比赛中，"车库户外俱乐部"荣获一等奖，"蚁淘"获得二等奖，"大庆微同盟网络科技有限公司"获得三等奖，"同风互联网＋科技"等获得优秀奖；在创客组比赛中，"机器人教育"荣获一等奖，"渴了么"和"Karawhite 原创潮牌"获得二等奖，"手绘"等获得三等奖，"拥证"等获得优秀奖。获奖团队同时收到来自我校大学生创业实训基地的入驻邀请函，获得了优先入驻创业实训基地、进一步孵化项目的机会。

（三）第三届创业大赛

2016 年 11 月 12 日至 13 日，第三届"创想东油"大学生创新创业大赛在校机关楼会议室举行。

国家级中国火炬创业导师、大庆国家级众创孵化服务中心主任武振平，国家级中国火炬创业导师、大庆新方略企业管理工作室主任朱岩，国家级中国火炬创业导师、大庆博斯科技有限公司总经理周明兵，中科协创新创业导师、大庆虚拟现实工业实验室主任徐强，中科协创业导师、"因为有你"大学生创新创业大赛大庆组委会主任兰金成，大庆农商银行小微企业金融服务中心主任助理张海波担任评委。校党委书记李海红观看了本次大赛的问辩环节，团委副书记苍留松、社团文体部部长郝辉南和近 200 名学生共同参加了大赛。

本届大赛共有 71 支团队报名参赛。与往届大赛不同的是，本届大赛特别设置了现场问辩环节，参赛选手将项目的核心内容设计在展板上，以此作为参赛展示,供评委进行问辩。

12日上午8时30分,初赛即问辩环节正式开始,71个创业团队的项目展板有序的陈列在校机关楼的大厅。各展板内容丰富多彩,包括各类生活服务APP、农产品销售、文化产品推广、技术产品开发等。

13日上午9时,路演答辩环节即决赛在机关一楼会议室正式进行,15支入围团队通过一分钟视频展示和PPT路演答辩,向评委进一步展示自己的作品,评委针对参赛项目进行提问,并给出专业的指导意见。

整场路演答辩环节持续了近四个小时,最终,"HIKER-随心go""金橙云校园生态自生长系统""新媒体智能导航服务站"荣获本次大赛一等奖;"悬浮旋转LED""亚得手作"等获得二等奖;"life-saving多功能救援车""迷男魔术APP"等获得三等奖;"智逻辑"家教、易货网、东油手绘工作室等15支团队获本次大赛优秀奖。

选手向校党委书记李海红介绍创业项目2016年

最后,由本次大赛评委组组长武振平对大赛进行点评,他高度赞扬了我校对大学生创新创业教育的重视,对选手的创新精神和创业能力给予了充分认可和鼓励,期待选手们在创业之路上一帆风顺,祝愿我校创新创业工作再创佳绩。

四、工作经验与启示

　　"创想东油"大学生创新创业大赛作为我校创业工作的品牌活动，在每届赛事结束后，校团委都会与校内校外相关部门、单位及风险投资机构协调，对优秀的创业项目进行对接、培训、孵化和升级，点燃大学生创业激情，点亮创业者的人生梦想，进一步推动我校双创工作迈上新台阶。

创业大讲堂，讲创业人生

——青年校友创业报告会

组织单位：共青团东北石油大学委员会

创办时间：2016 年

举办时间：2016 年 10 月

覆盖范围：东北石油大学全体学生

一、活动背景

东北石油大学秉承着务实创新的教育理念，积极响应国家政策，秉持"艰苦创业、严谨治学"的校训教导着一批批有文化、有知识的青少年走向光明的未来。"创新"一直是我校强调的重点和重心，学校希望在校的大学生能够运用创新理念和自主精神，理论结合实践，为社会和国家作出有价值的贡献，支持大学生自主创业。由于当今社会就业压力越来越大，国家一直以积极的态度，支持鼓励大学生自主创业。因此，开展这项活动对同学们的意义非常大，许多同学对创业都只是有一个概念而已，到了该实施的时候，却又因为缺乏经验而最终导致失败，所以，青年校友创业报告会的意义十分重大，对同学们会非常有益。

二、活动目标与意义

本次报告会给同学们打开了一个走向创业的大门，在同学们深入了解创业和体验创业成功者事迹的同时，鼓励同学们进行自主创业，勤于思考，发扬不怕苦、不怕累的创业精神。

三、组织实施

本次活动邀请到北京中关村意谷信息科技有限公司信息总监、北京意谷投资管理有限公司投资总监、著名天使投资人、资金合作人、东北石油大学北京青年校友会会长柳永坡,大庆高新技术创业服务中心主任、高级工程师黄雪梅,西安通源石油科技股份有限公司高级常务副总裁兼首席运营官(COO)、大庆市永晨石油科技有限公司董事长、内蒙古布拉格油田公司董事长张春龙,皇包车联合创始人、东北石油大学北京青年校友会宣传部长麻核菘,连续创业者、中国第一批互联网金融开创者和实践者孙殿峰,通信运营商地市公司政企客户部负责人赵海鹏,斯伦贝谢公司大庆客户经理秦佩欣等校友。

在第一阶段创业大讲堂环节,第一位主讲人秦佩欣以"东北石油大学北京青年校友会向母校致敬——青年校友会发展历程与未来展望"为主题,讲述了北京青年校友会的发展历程以及对未来的展望。第二位主讲人张春龙以"石油梦,跨界20年"为主题,讲述了他从央企员工到非公企业高级主管,再到离职自主创业的心路历程和角色转变。张春龙用他的创业经历勉励同学们,要转变就业观念,主动适应"大众创业,万众创新"的新常态,怀揣梦想,勇于担当,创新创业,打拼属于自己的天地。第三位主讲人赵海鹏以"做自己,等风来"为题,在"做自己"上他告诉大学生们要坚持"不得不"和"我要做";在"等风来"上他给大学生总结为:一要认清现实、二是人很重要、三要善于学习、四要耐心坚持,并鼓励同学们"梦想还是要有的"!第四位主讲人麻核菘以"从0到1,皇包车创业分享"为题,分享了自己在创业过程中的小故事,以自己的亲身经历来引导学生理解"创业"二字的真正含义,鼓励大学生要敢想敢做。第五位主讲人孙殿峰以"三次创业失败分享"为题,讲述了他在三次创业失败负债百万后的思考和收获。最后一位主讲人柳永坡以"创业,不是随随便便成功的"为题,从"创业时代、如何创业、商机识别、e谷创业生态"四个方面讲起,并分享了他自己的经历。

秦佩欣进行创业分享

张春龙进行创业分享

参会同学向老师们提问

校党委书记李海红与嘉宾合影

活动现场

四、工作经验与总结

讲座结束后,同学们纷纷表示,聆听了校友们的创新创业经验分享,开阔了思路,对创新创业有了新的思考,受益匪浅。在今后的学习工作中会不断努力拼搏、完善自我,提高自身的竞争力,积极投入到创新创业的大潮中去,为社会贡献自己的力量,积极实现自己的人生价值。

创业青春，创新未来

——共青团东北石油大学委员会创新创业成果展

组织单位：共青团东北石油大学委员会

举办时间：2016 年 12 月 10 日

覆盖范围：东北石油大学全体师生

一、活动背景

根据《教育部、财政部关于"十二五"期间实施"高等学校本科教学质量与教学改革工程"的意见》和《教育部关于批准实施"十二五"期间"高等学校本科教学质量与教学改革工程"2012 年建设项目的通知》文件，教育部决定在"十二五"期间实施国家级大学生创新创业训练计划。近年来，在学校党委的领导下，校团委和相关部门精心组织，全校师生踊跃参与，我校创新创业教育在课堂教学、基地建设、竞赛活动、项目孵化、师资建设等多方面取得了良好效果。

二、活动目标与意义

（一）营造浓厚的创新创业氛围

本次活动充分展示近年来我校创新创业教育工作取得的突出成果，激发广大师生参与创新创业的热情，引导学生树立科学的创业观、就业观、成才观，培养学生创业精神，提高创新创业能力，搭建创新创业交流平台。通过充分展示我校大学生创新创业成果，推广各学院创新创业工作经验，进一步推进创新创业工作的发展，促进创新创业实践活动蓬勃开展。

（二）提高学生对创新和创业的兴趣

本次活动邀请众多嘉宾来到展会现场参观创新创业成果,并对创业团队进行指导和评价,鼓舞了学生对创新创业的热情和兴趣,鼓励全校师生珍惜良好环境,抓住时代机遇,勇于创新突破,推动学校创新创业工作再攀高峰。

三、组织实施

本次成果展上,校企共建的创新创业基地授牌我校 17 个在各级创新创业竞赛中取得优异成绩的创业团队,集中展示了创新创业成果。与此同时,校团委还邀请了 20 家创业孵化机构、服务机构和高科技企业参展并开展服务对接,丰富的活动内容、新颖的科技创新体验活动,受到与会人员一致好评。内蒙古亿利新中农沙地农业投资股份有限公司创始人滕飞作客我校第六期创业大讲堂,在机关一楼会议室带来了一场题为"海阔天空地想,脚踏实地地干"的报告,本次活动的效果体现在:

第一,学校在校园内大力宣传创业知识、创业政策和创业榜样,增强了学生的创新创业意识,这种创业氛围对学生产生了广泛影响。

第二,展会由众多团队和指导老师共同完成,营造了浓厚的创新创业氛围,激发了广大师生参与创新创业的热情。

第三,滕飞先生在会中分享自己的经历与感悟鼓励同学们坚持理想、挑战未知,为实现人生价值勇敢拼搏。

第四,本次活动增强了学生将理论应用于实践的能力,培养了学生对创业的兴趣,促进了学生与老师之间的交流,为以后创业中心举办活动提供了宝贵意见。

成果展全景

成果展现场

滕飞为大学生作创业报告

与会领导为创青春获奖团队指导教师颁奖

四、工作经验与启示

近年来,在学校党委的领导下,校团委和相关部门精心组织,全校师生踊跃参与,我校创新创业教育在课堂教学、基地建设、竞赛活动、项目孵化、师资建设等多方面取得了良好效果。截至目前,共建成三个校内创新创业基地,与政府、企业合作共建四个校外创新创业基地,建立了完善的创新创业教学与实践体系和专、兼职教师队伍。开展"创想东油"大学生创新创业大赛、"创业大讲堂"等品牌创新创业活动 28 项,参加省级以上创新创业大赛,累计获得各类奖项 260 余项,打造了特色创新创业文化,形成了良好的创新创业氛围。

小小机器人，点燃科技梦

——"青锋科技"公益支教

组织单位：计算机与信息技术学院学生会

创办时间：2015 年

举办时间：每年 3 月和 9 月

覆盖范围：东北石油大学计算机与信息技术学院在校学生

一、活动背景

"青锋科技"公益支教活动是由东北石油大学计算机与信息技术学院机器人团队发起，面向中小学学生的公益创业活动，并获得计算机与信息技术学院团委、东北石油大学团委及在校学生的大力支持。

团队旨在帮助中小学学生拓展视野，培养学生信息素质和技术素质，培养中小学学生的创新能力，并为实践素质教育提供实践平台。机器人教育走进中小学，开发机器人教育功能和教育价值，对推进素质教育，培养中小学生的信息素养和技术素养，提高中小学生的创新和实践能力，具有重要的现实意义和战略意义。

同时，"青锋科技"支教项目也是大学生公益与创业相结合的一次勇敢尝试。2015 年是"青锋科技"团队突破的一年，在团队成员的努力和学院老师的支持与关怀下，团队在大庆市机关第一小学实施第一次公益支教活动。在过去的一年时间内，团队相继进行多次支教活动，从中感受到了学生对科技的渴望。同时也在努力宣传机器人教育，团队将向着打造公益与创业相结合的、具有良好声誉的培训机构的目标奋进，并将这样的活动延续下去，造福对科技充满渴望的乡村中小学生。

二、活动意义与目标

帮助中小学生了解科技,认识科学,扩展视野。如今,乡村地区中小学生教育落后,学生对科技的热情高涨,但却得不到机会与科技接触。通过"青锋科技"的支教项目让学生近距离接触机器人的相关知识,圆同学们的机器人梦,进而提升青少年对科技的热情,促进更多的青少年投身于科技之中,发展国家的科技实力。公益支教活动同时也在锻炼团队成员的能力,成员们在语言表达、知识掌握等方面也有很大的提升,为在校大学生提供平台。通过锻炼能够与社会有更好的衔接,通过公益活动形成固有模式,面向全国各个高校推广。

在2015年内完成"青锋科技"团队的制度与规范建设,并在2016年暑假,组织我校第一期团队内成员培训,聘请专业的授课教师对成员进行授课培训。为成员提供技术支持,同时,充分拓展与大庆市政府和各乡镇中小学的联系及支教项目的合作,积累各种社会实践资源,丰富支教的内容,树立组织的良好声誉。

在2016年,团队制定适合学生各个阶段的教学内容,新进一些机器人设备,组织团队内的技术人员优化团队原有的产品,并开发新的机器人产品,扩大团队的影响范围。

活动的长期目标是把这种模式推广到全国部分省、市及县镇,尤其是处在科技相对落后的偏远乡村,让每一位拥有机器人梦想的同学真正的接触机器人,让学生亲自动手实践,组装及想象属于自己的机器人。"青锋科技"团队希望通过自己的努力,改变部分地区的教育理念和教育面貌。

三、活动实施

(一)课程设定

机器人教育主要是针对幼儿和小孩。为了能够更好地培养孩子的兴趣,团队选择了具有科学性、创造性、多样性于一体的ROBOTIS DREAM机器人教学套件。同时对于较低年级,活动的课程也分为四个阶段,从而强化孩子学习机器人的乐趣:

第一阶段,根据教具设定12节课,教授使用最基本零件组建简单机器人的方法,掌握重心、力量、能量等基础理论知识。

第二阶段,从机器人是什么开始讲起,循序渐进地讲述机器人的动力、传感器的应用、速度和力、步行和行驶等科学原理和物理理论,通过实验让孩子们自然地学习概念和原理。第二阶段也设定了12节课,使教材内容和实例机器人有机结合在一起。在第二阶段中会提供编程的基本训练、传感器的运用、机器人的制作、原理的理解、解题的过程。第二阶段的一体程序内置于控制器(CM – 150)中,该阶段能让孩子理解和学习机器人制作及运行的原理。

第三阶段,让小朋友可以学会从机器人控制原理到伺服电机控制、接触传感器与红外线传感器、LED 模块的控制原理。本阶段教学目标是让孩子理解机器人程序图,学习编程基础知识,学会 RoboPlus 软件,独立给机器人编写程序,会观察实际的基本机器人制作,挑战自己的能力。

第四阶段,与前三个阶段紧密相连,进一步学习通过遥控器控制多种机器人的原理。机器人教育在培养孩子对机器人的兴趣的同时,也让小朋友在其他方面有所提升。

(二)招募志愿者加入团队

利用微信平台、QQ、百度贴吧等网络资源面向全校同学招募,吸引对机器人感兴趣的大学生志愿者加入。要求有一定的计算机学习基础,对机器人感兴趣,富有责任心,具有公益心。

(三)社会调查

通过调查了解各个地区学校对机器人教育的重视程度,整理好调查结果,定向地实施公益支教活动,将活动普及。

四、活动经验及启示

(一)向个性化教育发展

我们已经看到掌上英语学习机这种电子产品的普及速度,以及它对英语教育的价值作用,甚至它在内容上向着多学科多元化发展,在更新方式上向着网络化发展。教育机器人完全也可以这样,以其智能化、小型化的特色成为个性化教育的主力军之一。随着教育机器人产量的扩大、价格的降低,它向个人应用的普及风潮一定也会出现,从而给个性化教育带来革命。

(二)向课堂化教育发展

课外活动小组毕竟是小部分人的活动,虽然这对于特长教育有着不可否认的作用。但是,课外活动的系统性、普及性和公平性都得不到保证。对于机器人教育这个新鲜事物,课外活动小组的引导作用是非常重要的,但是如果不向学科课程发展,其教育理论、教育方法的成熟是缓慢的。所以,随着下一步新课程的实施,机器人教育走进课堂成为一种必然的发展方向,向课堂教育发展,需要包括教材建设、教法研讨等几个步骤,是一个持续发展、革新的过程。

(三)向社区化教育发展

机器人在教育方面可能会有一种与其他教育不同的方式,那就是教育社区化。就像书画培训、音乐培训这类已经非常成熟的社区教育一样,机器人教育活动中的机型丰富、投资持续、适合团队等特点给社区教育的组织带来可能。在商家的联合、社会团体的组织下,机器人社区教育会在时间上更充分、组织活动更灵活、资金循环更顺利,这会给机器人教育带来生机。

通过机器人教育,学生能够比较全面综合地了解现代工业设计、机械、电子、传感器、计算机软件、硬件、人机交互、人工智能等诸多领域的先进技术,并亲身接触和体验现代高新技术。在学生获得科技知识和实践能力的同时,激发了他们的创新意识和创造发明的潜能,从而加快国家培养具有创新精神和创新能力的高素质复合型人才的步伐,引导学生学会观察、学会表达、学会思考、学会创新,这些是当今教育界的重大课题。而机器人教育活动对培养学生的动手能力和创造能力等方面均有积极的作用,促使越来越多的学校将机器人教育引入自己的课堂。

文化巡礼篇

艺术展演

情满东油,逐梦起航

——东北石油大学欢送 2016 届毕业生文艺演出

组织单位:东北石油大学工会、文联、学生院、团委
举办时间:2016 年 5 月 29 日
覆盖范围:东北石油大学 2016 届毕业生

一、活动背景

2016 届毕业学子完成学业即将离校,浓浓的不舍之情弥漫着校园,好似游子远游时的丝丝伤感,学校亦如慈母,为即将远行的游子准备着一场盛大的壮行晚宴。

5 月 29 日,由校工会举办,校文联、学生院、校团委联合大庆歌剧院主办的题为"情满东油,逐梦起航"欢送晚会拉开序幕。

二、活动目标与意义

千里摆宴席,终须散场。四年大学时光匆匆流转消逝,在这片东油的土地上,留下了学子太多美好的故事,在即将分别的日子里,母校为毕业学子准备着一场

盛大的壮行会。这其中寄托着母校对学子殷切的希望和深深的不舍。送君千里，终须一别。四年间他们得到了蜕变和升华，毕业不是分别，而是他们人生新征程的起航。

四年感觉好长，长得有点迷茫，四年又好短，短的令人心慌。在即将离校的时候，母校举办的晚会更像是对游子远游时的谆谆叮嘱，是四年的总结，也是未来之路的起点。

三、组织实施

（一）工作具体任务

1. 首先是关于晚会的举办时间和地点的确定。

2. 其次是节目的敲定选排，因为是毕业晚会，所以主题偏向于青春、未来和梦想一类。如《激情创业》《燃烧的青春》《追寻》《希望》《爱在东油》《祝你一路顺风》等节目，题材都特别的积极向上振奋人心。

3. 选定节目之后，就是节目的排练，大概提前一个月开始排练，期间再对一些节目加以修改润色，逐步完善。

4. 节目成型之后便是反复的彩排，提高演员对动作的熟练度和工作人员对节目流程的熟悉度。

5. 领导寄语和毕业生感言人选的落实。

6. 开始对晚会进行宣传并且组织观众。

7. 晚会举办当天，早晨八点之前演员和工作人员准时到大庆歌剧院开始彩排，给节目调试灯光。下午两点半组织观众入场，三点晚会正式开始，五点晚会结束。演员与领导上台合影留念。

（二）工作内容展示

领导寄语

毕业生感言

爱在东油

希望

四、工作经验与启示

本次晚会的圆满举行,赢得了校领导、教师和学生的一致好评。甚至有同学说:"看完这场晚会,给我的感受就两个字——震撼。"

这场晚会的成功的确来之不易。因为晚会场地是在校外,所以演出的道具服装都是从学校搬运过去的。彩排是从早晨八点开始的,连续彩排两次然后正式演出。由于时间紧迫,演员和工作人员快马加鞭,就连中午饭都是吃面包就着矿泉水,这充分体现了学生和老师吃苦耐劳精神,这更是我校一直延续着的铁人精神和大庆精神的表现。

师生同心,其利断金。在晚会举办过程中,领导们靠前指挥,老师们亲力亲为,学生们不怕苦累,有了这样的队伍哪有不成功的道理。通过本次晚会,让学生们感受到东油团结向上的氛围,加强了队伍的凝聚力和彼此之间的信任感。这种优秀的工作作风应该延续下去,这种各司其职、配合默契态度的应该继续传承,这种吃苦的精神应该发扬光大,这样以后学生在面对任何困难时都将会无往而不利。

从我做起,从整理内务做起

——大学生叠军被大赛

组织单位:东北石油大学学生会

创办时间:2013 年

举办时间:2016 年 11 月 28 日

覆盖范围:东北石油大学全体在校学生

一、活动背景

寝室是学生生活四年的地方,也是学生的家,要让学生生活的环境变得更加整洁方便,干净舒适。现如今军事化已深入大学生活,大学生不应该让自己的生活懒怠。"一屋不扫,何以扫天下",一个有梦想、生活有品质的大学生更应该用军事化的标准管理自己的生活。为了让同学们懂得如何整洁寝室,严格管理自己,我校决定举行叠军被大赛,要求学生以军人的方式叠被,从小事做起,才能军事化管理生活。

二、活动的目的与意义

(一)提高同学们的生活质量,让寝室生活更干净舒适

提到大学生寝室,很多人的第一想法可能都是脏、乱。此次活动能够帮助同学们在以后的生活中营造一个干净、舒适的生活环境。

(二)使同学们养成良好的卫生习惯

同学们上了大学以后要住寝室,以前可能很多人都会住在家里,家里和寝室的环境还是有差别的。家里的卫生有父母维持,而在寝室需要大家共同维护。

（三）使同学们更勤劳，生活更有序

在家里的时候，可能很多人都不做家务，有些人可能是因为学习任务重，有些人可能是因为其他的原因。此次活动能够培养学生的动手能力，有序的安排自己的生活。

三、组织实施

（一）活动前准备

1. 做好前期宣传，张贴海报，在微信微博等平台上发布比赛消息，在学生公寓及教学楼前张贴海报，要求海报鲜明醒目，富有号召力。

2. 比赛前邀请评委评判，邀请有经验的学长教授叠军被人员。

3. 参赛者需在比赛日期前报名，每个院需报且最多一个男子组，一个女子组，将报名者的信息上报给各二级学院，再汇总给校总会纪检部负责人员，做最终统计。

（二）活动流程

1. 参赛者于11月23日在比赛地点集合，有经验的学长教授参赛者如何叠军被，参赛者将在短时间内学会如何叠军被。

2. 共有13个学院，每个学院派出一名代表进行抽签，分三组进行比赛，每组四个学院（第三组五个学院）进行比赛。

3. 比赛以学院为单位，分为男子组和女子组，分别进行比赛。

4. 初赛：在规定时间内，参赛者需完成叠军被的任务。在规定时间内完成即成功，比较小组叠军被的质量，按照一定的标准进行评分，分数高者为优。若规定时间内未完成叠军被任务的，则记为失败。评委分别给出每一小组的得分并将同一个学院的男子组分数与女子组分数相加，获得每个二级学院初赛的最终得分，每组中得分较低的两个学院将会被淘汰。

5. 拉分环节：经过初赛优胜的七个学院分别派出代表进行才艺展示，由评委进行评分，将才艺展示的分数与初赛的分数相加。比较总分，在七个学院中选出得分最高的五个学院，进行最终决赛。

6. 决赛：优胜的五个学院再进行一次比赛，比赛形式更改为：比赛叠军被（不限时），记下叠被时间，如果发现叠出的被子有问题，则每犯一个错误，时间加五秒，评委计算出最终时间，时间少则为优。

7. 最终筛选出的用时最少的前三个学院，获得一等奖、二等奖、三等奖。进入决赛但未获得前三名的两个学院将获得优秀奖。

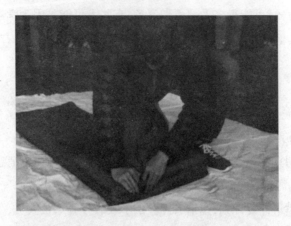

参赛选手

四、工作经验与启示

此次活动能够提升学生的动手能力,同学们对于比赛有很高的热情,学校应当多举办类似的活动;由于活动准备比较充分,没有出现冷场的情况,比赛得以顺利、圆满地完成,在以后的活动中应当考虑所有可能的突发情况,做好事先准备;虽然活动办得很成功,但是干事们的能力还有待提高,在以后的活动中应当着重培养;此次活动取得了预期的效果,受到了广大同学们的一致好评,学校应该将这个活动延续下去。

文能提笔安天下，武能马上定乾坤

——东北石油大学辩论与口才协会社团辩论赛活动

主办单位：东北石油大学辩论与口才协会

协办单位：东北石油大学社团联合会、东北石油大学振武会

创办时间：2012 年

举办时间：每年 11 月

覆盖范围：东北石油大学全体社团联合会成员、社团成员

一、活动背景

如今时代，社会的供给与需求映射出大学生的某些"通病"：逻辑思维出现短板，团队合作项目一筹莫展，语言能力有所亏空。这会导致大学生对于将来严峻的大环境、社会大发展更显得无所适从。大学生既然是文化人，就要善于表达文化内涵。辩论赛是为大家查漏补缺，考察个人综合能力的大好平台。辩论比赛本质是一个展示活动，是向所有人展示一个命题可能存在的不同视角和观点，从而让观众能够对命题有更深入的认识。"以辩明道，以论正言，以杯水之力促民主，以求是之心启民智，兼蓄悲天悯人之怀，囊括四宇之志，通辩无碍之才。"是辩者的最深奥义。我校辩论与口才协会结合本协会的特点与在校大学生的实际情况，选择了年度热点辩题，通过投票、比赛淘汰、专业点评的方式，搭建了一个完整的社团辩论比赛机制。作为社团精品品牌活动，它正以自己的精彩形式为学生业余生活树立典范，为学生的文化生活提供空间。

二、活动的目标与意义

（一）参赛选手能力提高

辩论赛是对辩论者能力和水平的全方位考察。在辩论的过程中，辩论者要想

在唇枪舌战、激烈对抗的辩论中战胜对手,所要具备的知识与能力是多方面的,为了这个目的,他们在台上充分展示自己,能力也在不知不觉中提高。

第一,思维能力得到提高。如果没有对事物的真知灼见,就不会有惊人妙语;如果没有如泉思绪,就不可能口若悬河。在辩论的过程中,学生思维的深刻性、论证性和敏捷性都得到了提高。由最开始的语无伦次,到前后矛盾少了,哑口无言没了,再到妙语连珠、以巧制胜,滔滔不绝者比比皆是。选手在赛前准备时看问题更深刻了,不再停留在很肤浅的表面,也学会了多角度思考问题。

第二,语言表达更具艺术性。经过几场锻炼,每个选手在语速与语调的协调上把握都很好,甚至形成了自己的风格。同时,对汉语言的使用能力增强,辩论中经常出现典故成语、诗词警句、谚语、箴言,为了增强语言的表现力同学们还注意了修辞语句的使用,给观众留下许多可以学习和回味的东西。

第三,知识结构更完备。俗语说"台上一分钟,台下十年功",为了台上精彩的几分钟,他们在课余下足了工夫:自己认真搜集资料,参阅同学提供的资料,根据辩题整理和组织材料,撰写辩词等。

(二)校园文化水平整体提升

校园文化是一个学校的品牌,是一所学校长期历史积淀和文化建设的产物,也是学生成长和教师发展的重要生态环境,校园文化作为一种环境教育力量,对于加强学生思想品德教育、保证学生健康成长有着巨大的影响。同时也是学校生存发展的价值追求和品位标志,学生整体辨别能力增强。

俗话讲"理越辩越明",辩论针对学生关心的问题展开,辩论赛的主题都相当贴近同学们的生活,现实性强,使同学们有话可说。辩论双方使出浑身解数,全面深入地分析问题,给全体同学展现事物的两方面,而听众则在思想的冲突中展开激烈的思考,最终明白问题的实质,学会了分析问题,提高了辨别能力,为后面的有效行动奠定了基础。浓郁的辩论氛围也使学校的文化水平整体提升,同学们能够讨论更高雅的话题,学会以理服人。

三、组织实施

(一)选拔赛

1. 主持人开场,介绍嘉宾评委及辩题;

2. 主席计时员就位,宣布辩论选拔赛正式开始;

3. 正反方进行辩论;

4. 辩论结束,嘉宾评委进行点评,工作人员确定晋级名单;

5. 晋级队伍再次抽签确定分组与辩题。

（二）晋级赛

1. 主持人开场,介绍嘉宾评委及辩题;

2. 主席计时员就位,宣布辩论晋级赛正式开始;

3. 正反方进行辩论;

4. 辩论结束,由东北石油大学振武会带来才艺表演;

5. 嘉宾评委进行点评,工作人员确定决赛名单;

6. 晋级队伍抽签决定决赛所持观点。

（三）决赛

1. 主持人开场,介绍嘉宾评委及辩题;

2. 主席计时员就位,宣布辩论晋级赛正式开始;

3. 正反方进行辩论;

4. 辩论结束,由主持人对现场观众进行采访提问,正反方进行拉票;

5. 嘉宾评委进行点评,工作人员确定最终名次;

6. 主持人公布名次与最佳辩手;

7. 嘉宾评委颁奖,与辩手合影留念;

8. 活动结束,全体人员合影留念;

9. 人员退场,工作人员负责现场清理复原工作。

四、工作经验与启示

辩论与口才协会的社团辩论活动是一次新的开拓,也同时是一个新的起点,是全体辩论人对于新型比赛大众赛制的尝试。

（一）推广全体参与辩论,营造探讨氛围

辩论的真正意义不在于输赢,而是让参赛者和观众在辩论过程中全面的认识、批判和思辨性的思考。对于一个事物,如果不是通过辩论的角度,很多人都会遗漏其中的实质意义,更难达到"透过现象看本质"的目的。

（二）创新辩论赛制,摆脱旧观点的桎梏

辩论赛制以常见的传辩赛制为主,很多参与者对此赛制轻车熟路,在比赛的过程中经常是老思路很难有所收获。在将来的活动中,新的赛制应用不但能够吸引更多目光,还能够利于辩手的成长,利于新的思路的开发。

展现自我，超越自我

——东北石油大学 SPE 学生分会 Petro-Shinning 专业英语词汇大赛

组织单位：东北石油大学 SPE 学生分会
创办时间：2016 年 3 月
举办时间：每年 3 月
覆盖范围：东北石油大学在校研究生

一、活动背景

如今，国际石油科技前沿与社会就业形势日益严峻，对专业英语素质方面要求越来越高。但是，每个工程专业方向对学生英语的重视程度并没有与时俱进，或者进度有所欠缺，而深入专业性的英语竞赛平台又少之又少。因此，为了提高大家对专业英语知识学习的积极性，鼓励大家更深层次地了解石油行业，把握学术前沿，顺利接轨国际，培养专业英语的能力，为将来就业与科研做好准备，我校 SPE 学生分会专门为学生提供了一次展示自我、开展超越自我的学术竞赛活动。

二、活动的目的及意义

（一）丰富学生文化活动，展现良好学术风貌

Petro-Shinning 专业英语词汇大赛活动的创办，旨在丰富校园文化与学术氛围，以赛代练，以赛促成长，在竞赛中展现我校学生积极向上、追求学术的良好风貌。

（二）扩大 SPE 学生分会学术平台的影响力，搭建学习交流平台

SPE 协会为国际石油工程师协会（Society of Petroleum Engineers）的简称，东北石油大学 SPE 学生分会则是在高校设立的分支机构，是促进石油高校与社会、企业相互交流的学术组织。通过举办专业英语词汇大赛，可以扩大东北石油大学

SPE学生分会在校内影响力,并将不同专业的学生共聚一堂,培养专业英语素质,挑战自我,参与探讨跨专业的文化盛宴,最终获奖者有机会参加石油兄弟院校的文化节活动。

(三)树立文化活动品牌,彰显学校特色

自第一届石油工程专业词汇大赛 Petrol-bowl 在中国石油大学(华东)举办以来,类似文化活动在石油高校之间遍地开花。中国石油大学(北京)举办 Petrol-Flying 专业英语词汇大赛,我校创办 Petrol-Shinning 专业英语词汇大赛,西南石油大学成立文化节活动。为在石油高校之间树立东油文化品牌,凸显东油特色,我校成功将地球科学学院、机械科学与工程学院为主的全校学生组织起来,共同举办东油文化品牌活动,突显东油文化特色。

三、组织实施

(一)前期准备

1. 制定具体比赛计划。

2. 准备比赛所需器材、奖品与出席领导的聘书,安排分赛场地与时间。

3. 联合各院负责人准备题库与选择试题。

4. 安排工作人员做好宣传工作。

(1)做好宣传海报,在人群流量较大的教学楼、食堂、宿舍贴发海报;

(2)利用在线媒体(QQ、微信),扩大宣传范围,吸引更多学生参加比赛。

(二)比赛流程

1. 初赛笔试

按照邮箱报名信息安排座位,油工院、地科院、机械院分别在主教室统一进行笔试,考试内容为相关方向的专业英语,最终每个院选拔出18位选手进入复赛。

2. 复试比赛

时间:2016年3月20日

地点:一楼202教室

油工:早上 8:30~11:00 分;地科:下午 13:30~16:00 分;机械:晚上 17:00~19:30 分。

分组规则:各院晋级的18名同学,以抽卡片的形式分成六组,抽到相同字母的同学分在一组。

（1）初赛

第一轮（突出重围）：参赛的六组队伍每组有三道九宫格填空题，分三轮进行答题，每题限时 120 秒，按答题完成时间及正确率进行加分。

第二轮（团队之星）：参赛的六组队伍每组从第一个人开始答题，直至答错为止，换下一个人答题，以此类推，每人最多十题，答题时间为十秒。最终取成绩最高的两个队伍和其余四个队伍中表现最好的一位同学晋级，共十人。

（2）半决赛

第一轮（你来我往）：十个同学进行抽签分组，两两 PK。每个人有基础分 100 分，每人五道题，答对一题加十分，答错一题扣十分，每题限时 20 秒，每人有一次 Pass 的机会，之后这道题将由对手回答，对手答对加分，答错不扣分。每人拥有一次求助现场亲友团或打电话求助场外观众的机会，求助限时 30 秒。

获胜的五名同学晋级，其余五名同学进入复活赛，决出最后一个晋级决赛的名额。

第二轮（复活赛）：每个人作答汉译英两道题，限时一分钟，正确率最高者晋级，若出现平分，用时短者晋级。

（3）决赛

第一轮：共十道题，采取抢答形式，抢答犯规的同学失去一次抢答机会；若一名同学抢到题却回答错误，则其余同学可继续抢答。每题限时 30 秒，答对加十分，答错扣十分，分数最高的三名同学进入第二轮。

第二轮：带着上一轮所得分数，采用风险题的形式，分为低风险（5 分）、中风险（10 分）和高风险（15 分）三类。由分数最高的同学开始选题，答对加上相应分数，答错扣除相应分数，经过两轮后，分数最高的同学获胜，并进入校级决赛，其他两人中分数高的进入校级决赛，若分数相同则加试一题。

3. 总决赛

时间：2016 年 3 月 27 日 8：30

地点：机关楼一楼会议室

参会人员：校领导及各院领导、各院晋级的同学（六名）、东北石油大学 SPE 协会成员及观众。

具体流程如下：

（1）领导入座与选手就位；

（2）决赛开始，比赛分抢答赛与风险题两个环节，复赛晋级的六位选手进行 PK。经过激烈角逐，最终评选出一等奖一人，二等奖两人，三等奖三人；

（3）观众互动环节，主持人提问专业英语问题，观众进行抢答，答对获得相应奖品；

（4）进行颁奖典礼、领导致辞、成员合影后，活动结束。

四、工作经验与启示

Petrol-Shinning 专业英语词汇大赛自创办以来，具有以下突出亮点：

第一，由校研究生院、石油工程学院有关领导大力支持举办，其他各院院长、SPE 大庆分会负责人共同参与，有着层次深、规格高、范围广、学术浓、全生参与、共同进步的鲜明特点。

第二，比赛内容形式多样。由简单的专业词汇填空，到烧脑的专业词汇描述；由个人的能力比拼，到小组的协同作战，比赛过程中乐趣与学术并重，独立与合作同行，内容多样，精彩纷呈。

第三，初赛与复赛，根据各个学院不同情况进行院内比拼，最终决赛采取跨院系综合比赛的形式，彰显了跨学科、多元化的学术交流特性。

第四，赛后校领导及 SPE 大庆分会负责人对东北石油大学 SPE 学生分会提出了新要求，在当前行业背景下，努力将行业情况和油田学术前沿的研究结合，为促进学校的学术研究多作贡献。

"龙舟"搭建国际桥梁

——2016 大庆萨尔图世界名校龙舟赛

组织单位:校工会、校团委

举办时间:2016 年 6 月 18 日至 19 日

覆盖范围:24 所世界名校参赛队员、大庆市民、新华网在线观众、东北石油大学在校师生

一、活动背景

2016 年世界名校龙舟赛落户大庆,由大庆市政府主办、东北石油大学协办的赛事于 6 月 18 日至 19 日在黎明湖举行。

美国哈佛大学、斯坦福大学、俄罗斯远东联邦大学、新加坡国立大学、香港大学、香港科技大学、马来西亚多媒体大学、曼尼托巴大学、格但斯克工业大学、台湾辅仁大学、澳门大学、海岸角大学、北京大学、东北石油大学、复旦大学、华东理工大学、华中科技大学、南京大学、南开大学、南开大学滨海学院、厦门大学、苏州大学、天津医科大学、武汉大学,24 所高校学生代表队,开展 200 米、500 米直道竞速和 2000 米环绕三项角逐。

6 月 18 日下午,在我校图书馆举办世界大学生文化创业、职业生涯规划分享交流会。6 月 19 日晚,在我校图书馆广场举办 2016 年中国大庆世界名校龙舟赛闭幕式暨"龙腾百湖皆兄弟,舟行四海一家亲"晚会。我校青年志愿者、裁判员近千人为赛事服务。

二、活动目标与意义

这次盛会，以市校融合为契机，以龙舟竞赛、分享交流会、晚会为平台，增进了24 所世界名校大学生间的友谊，分享世界名校大学生创业思路、感受和经验，为我校大学生开阔视野、增长见识、提升素质，奠定坚实的基础。2016 年大庆萨尔图世界名校龙舟赛是学校建校以来，首次承办的国际性体育赛事，其过程令人难忘，成绩令人欣慰，影响令人鼓舞，得到了上级领导、嘉宾、国内外著名大学、全校师生员工和社会各界的广泛关注和好评。

三、组织实施

（一）成立组织机构

本次活动主要由安全保卫组、赛事裁判组、志愿服务组、活动宣传组、后勤保障组、外事活动组、晚会节目组、论坛组织组、参观场地组、协调保障组机构组织实施。

（二）工作具体任务

1. 组队参加龙舟比赛

组织大学生龙舟队训练、参赛，提供裁判员。

2. 赛会志愿服务

根据要求选拔、培训赛会志愿者，为此次大赛服务。

3. 世界大学生文化创业、职业生涯规划分享交流会

主要进行分享会主持人、交流内容的设定和观众的组织。市委宣传部对分享会内容进行审核。

4. 闭幕式暨"龙腾百湖皆兄弟，舟行四海一家亲"晚会

整台晚会的策划、组织，包括其他队节目的融合，其中主持人需要中英文双语交流。市委宣传部对节目进行审核。

5. 晚会学生观众的组织

专人负责对接场地位置，召开各单位副书记会议，2015 级学生全员参加，根据各单位人数划分位置，并留出安全通道。19 日 16 时前学生椅子布置完毕，18 时30 分前入场完毕。

6. 参赛队员、晚会演员课程协调

对志愿者、参赛人员、相关演员、学生裁判员课程进行调整。

7. 参观校史馆，提供纪念品和晚会主席台桌牌

校史馆准备英语讲解员和中文讲解员,按照境外 12 支、境内 12 支分别参观。确定晚会出席校领导名单、主席台桌牌等。

8. 参观图书馆、提供主席台用椅子

提供具体负责人接待参访团,设计参访路线。图书馆负责贴告知,19 日图书馆门前两侧禁止停放自行车。提供主席台用椅子 80 把。

9. 安保工作

负责校内车辆规范管理,图书馆两侧和第一教学楼西侧不能停车,在图书馆东侧建立外来车辆停车场,由专门小组负责指挥。活动报批并配合市里警力工作,做好我校安保方案,在图书馆、第一教学楼等制高点布置监控。大屏幕播放安保措施。

10. 晚会场地设备使用保障

提供晚会电力保障,大屏幕由专人播放,开放广场喷泉,做好 80 人主席台桌椅的取送及摆放。19 日 16 时前主席台桌椅布置完毕。

11. 外事交流活动保障

选派八名教师,参与在我校的各项活动翻译工作。

12. 活动宣传保障

提供校园风光片,专人负责在分享会和晚会前大屏幕播放。对赛会活动进行报道,对我校龙舟队训练、比赛进行报道,对分享会和晚会进行录像、留存。专人陪同市委宣传部对分享会内容、晚会节目进行审核。

13. 活动的设施采购、维修,提供经费保障

工作内容:参赛用品、活动维修的手续办理及经费保障。

14. 活动整体协调

负责校内外的协调工作。

(三)工作内容展示

参加龙舟赛;举办世界大学生文化创业、职业生涯规划分享交流会;举办 2016 中国大庆世界名校龙舟赛闭幕式暨"龙腾百湖皆兄弟,舟行四海一家亲"晚会。

我校龙舟队获得一金两银的好成绩,世界大学生龙舟
协会主席陈信豪为获奖队伍颁奖。

在校图书馆举办世界大学生文化创业、职业生涯规划分享交流会

哈佛大学、斯坦福大学等学校的学生参观东北石油大学校史馆

东北石油大学的大学生在闭幕式晚会上的精彩演出

台湾辅仁大学、北京大学的大学生在闭幕式晚会上的精彩演出

哈佛大学、斯坦福大学的大学生在闭幕式晚会上的精彩演出

东北石油大学的大学生民乐团在闭幕式晚会上的精彩演出

世界名校龙舟赛闭幕式晚会观众席和全体演员合影留念

四、工作经验与启示

龙舟赛及相关活动的承办取得了圆满成功,这是全校各相关单位和全校师生员工共同努力的结果。

三项肯定:一是以龙舟赛为契机,锻炼了队伍,振奋了士气,展现了全校上下团结一心去做事的精神风貌;二是以龙舟赛为契机,加强了校园综合治理,为赛会创造了良好的环境;三是以龙舟赛为契机,提供了高质量的服务,展示了我校的能力、素质和水平。

三个结论:我校龙舟队在比赛中所取得的优异成绩告诉广大师生,只要肯于付出努力,就一定能够创造奇迹;我校承办的论坛分享会和闭幕式演出的圆满成功告诉广大师生,只要勇于追求卓越,就一定能够创造出高水平;我校在校园综合治理上所取得的成效告诉广大师生,只要下定决心,就没有克服不了的困难。

三点体会:学校领导的高度重视是成功承办龙舟赛的重要前提;全校上下的联动协作是成功承办龙舟赛的重要保障;扎扎实实地推进落实是成功承办龙舟赛的关键。

在这次世界名校龙舟赛中,我校收获的不仅是一金两银的比赛成绩,不仅是分享会和晚会的成功举办,更重要的是师生们收获了勇于拼搏、团结奉献、爱校荣校、服务大局的责任感。

志愿服务篇

关爱空巢老人，真情温暖慧霖

——东北石油大学牵手夕阳红服务队尊老敬老活动

组织单位：共青团东北石油大学委员会

创办时间：2014 年

举办时间：2016 年 11 月 1 日～2016 年 12 月 3 日

覆盖范围：东北石油大学全体在校学生

一、活动背景

近年来，空巢老人问题引发社会普遍关注，百善孝为先，尊老爱老是我们中华民族的传统美德，是先辈传承下来的宝贵财富。作为当代大学生，在学习必要的科学文化知识的同时务必要践行中华民族的传统美德，养成尊老爱老的良好习惯，培养良好的社会责任感，为孤寡老人送去祝福与问候。东北石油大学校团委牵手夕阳红服务队，成功举办了以"关爱空巢老人，真情温暖慧霖"为主题的敬老院慰问演出系列活动。

大庆市慧霖敬老院是经民政部门批准而建立的一所民营、大型、高端、四星级医养结合的养老院，占地面积三万平方米，拥有床位 360 张。牵手夕阳红服务队是我校青协创立多年的、以关爱空巢老人为主要宗旨的志愿服务队,活动经验丰富,活动质量优异,是一支成熟且有能力的队伍。

本次活动的举办让更多新一代大学生懂得了尊老爱老的民族优良传统,使中华文化的魅力得以在一代又一代的青年人中发扬光大。

二、活动目标与意义

(一)宣扬敬老精神,树立爱老意识

随着人口老龄化的日益加重,老年人群体面临的问题也与日俱增。大学生有责任也有义务通过自己的努力带给空巢老人温暖和帮助。通过慧霖敬老院慰问活动,使空巢老人得到社会的关爱和温暖,慰藉老人的心灵,传递爱心,为慈善事业贡献力量。在培养大学生尊老意识的同时,引起社会上对老年人重视与关注。

(二)了解社会现状,增强责任意识

通过敬老院慰问活动弘扬大学生志愿服务精神,增强大学生的志愿服务水平和志愿服务认同感,提高志愿者综合素质,营造良好的志愿服务氛围,帮助大学生更深刻地了解社会现状,增强社会责任感,树立团队合作精神,丰富校园生活,服务社会,共筑爱心公益平台,为构建和谐社会贡献力量。

三、组织实施

(一)前期准备

1. 与敬老院进行对接联络,了解老人需求,确定活动主题,形成活动方案,并交付主席团审批。审批通过后,对敬老院进行实地考察,切实地了解老人所需,购买相关物品,并联系大庆市电视台与《大庆日报》的相关人士进行宣传。

2. 准备慰问演出,2016 年 11 月 6 日,东北石油大学牵手夕阳红服务队在我校青年志愿者协会征集演出节目,由活动负责人审查报名节目,节目由青年志愿者协会志愿者和在校学生参与,经过长期的彩排,最终审定 13 个老年人喜闻乐见的节目。

3. 通过我校网络新媒体平台、线下实体宣传平台进行宣传,如东油青年志愿者微信公众号及其他校内微信平台、校园网、微博、校园广播、板报等进行宣传,同时接受《大庆日报》、大庆电视台拍摄采访,扩大校外宣传力度。

(二)活动实践

2016 年 12 月 3 日,参与活动的演出人员和志愿者们 100 余人在团委老师的

带领下乘坐大巴车集体前往慧霖养老院开展活动。到达活动地点后服务队员们走到老人中间，询问他们的生活、身体状况，为他们整理房间，归置生活用品。随后搀扶老人来到礼堂，为他们表演了精心准备的节目。在中午时分，服务队员们帮助护工为老人准备午餐，并服务老人用餐。

活动结束后，《大庆日报》以及大庆电视台分别报道了此次活动，赞扬了东北石油大学的志愿者们，并呼吁广大的社会人士树立尊老敬老的意识，提高对老年人的重视。

（三）活动总结

1. 将活动内容与相关活动事宜制作宣传版块于宣传平台进行线上推送，增加活动影响力。

2. 总结活动材料，召开总结交流会，针对本次活动进行总结交流，反思活动中出现的问题并加以改善，为今后活动的开展奠定基础。

四、工作经验与启示

（一）工作经验

1. 此次活动的主题与实际社会问题有关，活动的举办增强了同学们的社会责任感，提高了学生们对于尊老敬老这一传统美德的认识。作为志愿者，有责任和义务通过自己的努力推动青年志愿者活动的深入开展，认真践行社会主义核心价值观，传递社会正能量。

2. 此次活动提高了志愿者服务技能、服务水平和认识程度。志愿者要对自身严格要求，秉承赤诚公益之心，提高对志愿服务工作的思想认识和重视程度，树立注重礼仪、热情友善、文明礼貌的良好品格。

3. 此次活动加大了宣传力度与宣传范围，不仅使更多有意愿的学生参与其中，更是提高了社会关注度，在社会中产生了积极影响。

（二）工作启示

1. 应始终以尊老敬老志愿服务为基础开展活动，注意做好活动后的反馈，提高服务队的效率，同时为学生提供更多可以为社会服务的机会，让更多有需要的人得到我们的帮助。

2. 在以后的敬老爱老的活动中，要对参与学生进行更加详细的相关知识普及，讲解敬老爱老活动的意义。

老有所"衣",情暖喜辉

——东北石油大学牵手夕阳红志愿服务队关爱老人活动

组织单位:共青团东北石油大学委员会

创办时间:2015 年

举办时间:2015 年 11 月 14 日

覆盖范围:东北石油大学在校学生

一、活动背景

目前,社会上敬老院的老人大多都是空巢老人,而现在人们普遍给予老人的都是物质关心,缺乏精神关心和亲情的陪伴。孝敬老人作为我们中华民族的传统美德,关爱他们是我们晚辈应尽的义务。

为了进一步弘扬尊老敬老的传统美德和青年志愿者"奉献、友爱、互助、进步"的精神,并在社会上形成尊老、敬老、爱老、助老的社会氛围,我校牵手夕阳红服务队和喜辉安养院(民营性质),为满足老人过冬需求,开展以关爱老人为核心的志愿服务活动。

通过活动促使广大学子参与到志愿服务当中,培养奉献精神,提升我校整体志愿服务事业水平,呼吁更多的学生以及社会人士和团体参与到关爱老人的志愿服务中,让学生培养奉献精神,树立社会责任感。

二、活动目标与意义

(一)践行志愿服务精神,关爱陪伴孤寡老人

我校牵手夕阳红志愿服务队以"奉献、有爱、互助、进步"的理念为宗旨,举办"老有所'衣',情意暖暖"活动,为老人带去衣物、营养品以及精神上的温暖关怀,让身为弱势群体的老人得到社会的关注和温暖,减轻养老院的经济负担,为慈善

事业贡献更大的力量。

（二）传承敬老爱老美德，弘扬东油奉献精神

东北石油大学志愿服务队通过此活动帮助大学生更深刻地了解社会现状，培养学生关爱他人的品质，陶冶学生乐于奉献的高尚情操，提高学生的组织能力和团队合作意识，弘扬敬老爱老优良传统，彰显东油人的奉献精神。同时为爱心人士提供一个良好的爱心公益平台。

（三）唤醒社会责任感，呼吁社会响应公益事业

为了让大学生更好地走出校园服务社会，进一步弘扬志愿服务精神，传递爱心，为慈善事业贡献更大的力量，服务队定期举办关爱老人志愿活动，积极发扬"人道、博爱、奉献"的精神，希望通过志愿者们的努力，共同铸就爱的长城，呼吁更多社会群体关注并投身于公益事业。

三、组织实施

（一）前期组织与招募

与喜辉安养院联系接洽，询问具体情况，了解老人所需，购买物品，安排活动相关事宜，制定活动方案。校青协与各二级学院联系，各二级学院配合宣传并选拔志愿者参与，对志愿者进行相关培训。与权威媒体联系，并通过张贴海报、校园广播站、微信公众平台等方式进行活动宣传和志愿者招募。

（二）活动实施

根据前期策划，在活动实施阶段，我校青协开展了以下以关爱老人为核心的活动：

1. 举办"关爱空巢老人，传递爱心捐赠"物品募捐活动

11 月 6 日～11 月 12 日所有为志愿服务工作的志愿者，在参加活动期间，在各个食堂进行宣传，呼吁大家将一些闲置衣物、生活用品奉献出来。记录好募捐者的名单，将募捐到的物品进行分类，妥善保管。

2. 举办"老有所'衣'，情暖喜辉"志愿活动

全体志愿者于 2015 年 11 月 14 日上午 8 点到达安达市喜辉安养院，与院长接洽，将 390 件衣物、6 件床上用品、8 箱营养品和 586 元捐款交付院长。到达地点后，志愿者分别开展陪同老人聊天、为老人整理床铺、包饺子、表演节目等活动，给老人们带去欢笑和陪伴。

活动结束后，与老人告别，并同喜辉安养院建立起长期合作关系，媒体采访合

影留念,进行后续报道。活动志愿者进行工作总结,再由副部整理讨论,上交报告。

(三)活动后期

收集活动资料,开展总结工作,写成新闻稿在校内微信平台和校园网进行公示,校外通过《大庆日报》等媒体进行报道,进一步扩大此次活动的影响。各部进行活动总结,使以后志愿服务工作更加完善。

四、工作经验与启示

(一)工作经验

通过这次"老有所'衣',情意暖暖"的活动,增强了学生的社会责任意识,提升了广大学生的积极性、参与度,从而为校青协接下来的工作打下坚实基础。校外媒体如《大庆日报》的报道,引发整个社会对孤寡老人的关注,有利于促进社会团结稳定,构建和谐社会,同时也展现了我校志愿者们的服务精神与公益美德,向社会传递了东油学子的爱心,标志着我校志愿服务工作水平的进一步提升。

(二)工作启示

"老有所'衣',情意暖暖"活动是由校青协同社会民营安养院一同携手合作的第一个敬老活动,开启了敬老活动的先河,为未来敬老活动的开展打下基础,且活动形式多样,活动过程中与老人相处和谐,氛围融洽,让老人得到精神以及物质上的关注和温暖,从而为慈善事业贡献更大的力量。从校内和校外宣传两个方面入手,注重前期宣传和后期宣传相结合。注意利用新兴媒体的宣传,拓宽宣传途径,扩大活动影响力,增强活动效果,进一步提高我校志愿者服务水平。

沟通联系你我，亲情温暖儿童

——齐齐哈尔 SOS 儿童村现状调查

组织单位：东北石油大学电子科学学院青年志愿者协会

创办时间：2014 年

举报时间：2014 年 8 月 1 日～2014 年 8 月 30 日

覆盖范围：齐齐哈尔 SOS 儿童村全体儿童

一、活动背景

自闭症是一种由神经系统失调而导致的发育障碍，其病症包括不正常的社交能力、沟通能力、兴趣和行为模式等。全球自闭症患者已超过 7600 万人，中国也有近百万。

为弘扬东油精神，传播爱心之光，4 月中旬，我校电子科学学院青年志愿者协会组织前去 SOS 儿童村，从实际出发，开展希望工程活动，了解 SOS 儿童的内心世界，关爱儿童成长，与他们的"妈妈"及村里负责人、所在学校老师进行深入沟通，了解实际情况，赠送书籍、文具、体育用品等给这些孩子，让他们感受到社会的爱与关怀。

二、活动目标及意义

（一）彰显东油博雅精神，促进特殊教育发展

首先，让孩子们感受到"爱"与家的温暖，然后进行一些心理方面的辅导，让他们拥有一颗健康的心灵。提供一些健康的书籍，让他们今后能够自我修养品格，使自闭症儿童逐渐打破封闭的自我空间，掌握融入社会的技能，逐步实现生活自理、社会自立。在彰显东油博爱精神的同时，为特殊教育事业贡献一份力量。

（二）传播特教之爱，呼吁社会积极关注

SOS 儿童村是一个国际性的民间慈善组织，以家庭的方式抚养、教育孤儿。在他们最应该快乐和幸福的童年时期给他们拥抱，让这些孩子们感受到世间的温暖和亲人之间的关怀与呵护。这些孩子们都很早就失去了幸福美满的家庭，他们在一起相依为命。每个生命来到世界上都是平等的，我们不能因为他们只是出生在贫穷的家庭，遭受到不幸而剥夺他们享受这个世界美好的权利，所以我们一定要将正能量带给他们。通过活动使更多的社会群体认识、关爱自闭症群体。

三、组织实施

（一）活动准备

1. 准备好在本次志愿服务活动过程中必备的物品，如院旗、服装等。

2. 买好防暑必备药品，防止队员在活动过程中发生中暑。

3. 制定合理的作息时间表，按时起床，按时熄灯，按时就餐，按时完成任务，按时汇报情况，各队员自己准备好自己的行李，注意防偷防盗。

（二）活动进行

1. 实践方法

（1）与儿童进行交流；

（2）爱心捐赠；

（3）调查问卷；

（4）互动活动。

2. 具体日程安排

8 月 1 日，准备所有的赠予物品到青协办公室集合。

8 月 2 日，到达齐齐哈尔与接收人取得联系，对成员进行有关儿童交流、相处等方面的培训及具体商议活动中的事项。

8 月 3 日～8 月 5 日，同老师孩子进行沟通。将事先准备好的书籍捐赠给孩子们，教他们如何阅读，并举办一次读书会；将之前准备好的教育器材赠送孩子，并组织一些体育比赛。

8 月 6 日～8 月 20 日，对孩子及负责人进行问卷调查，让他们表达对这次活动的感受和收获，团队成员对这次活动进行总结和整理，形成实践报告。

四、工作经验与启示

第一，活动伊始组织的一些集体的娱乐游戏，有利于拉近孩子与志愿者之间的距离,方便后续活动的开展。

第二,在与患有自闭的孩子交流时,一定要有耐心,因为想要走进他们的世界,必须要用心,要让他们感到温暖,他们才会愿意说出心里话,从而慢慢地引导他们走向阳光,带给他们正能量。

第三,我校电子科学学院青年志愿者团队对自闭症儿童所缺失的童年快乐和爱进行了补偿,并且尽量教他们如何自我完善品格,如何了解和改变自己的内心世界等。

第四,在今后的活动中,志愿者要增加心理方面的学习,以更专业的眼光发现问题,提供基础心理辅导,让孩子们拥有一颗健康的心灵,并提前准备一些健康的书籍赠送给这些孩子。

五月龙舟志愿同行

——2016 世界名校龙舟大赛志愿服务活动

组织单位:共青团东北石油大学委员会

创办时间:2013 年

服务时间:2016 年 6 月 15 日~2016 年 6 月 19 日

人员构成:全体在校生中选拔出的志愿者

一、活动背景

2016 年 6 月 18 至 19 日第二届世界名校龙舟赛在大庆市黎明湖举办,来自 8 个国家,24 所世界名校的 700 多名参赛选手汇聚于此。此次比赛不仅是龙舟的对决,更是文化交流的盛宴。大庆市委、市政府对本次赛事给予了大力支持。为了保证活动的顺利进行,我校公共赛事志愿服务队秉承着"奉献、友爱、互助、进步"的信念,担任了大赛随团志愿者、赛会志愿者、闭幕晚会志愿者、安保志愿者等工作。为协助比赛的成功举办,展示志愿者风采,传播志愿精神,公共赛事志愿服务队认真部署,精心准备,为此次赛事的圆满完成提供了有力的保障。

二、活动目标与意义

(一)传承中华文化,弘扬志愿精神

高质量的志愿服务,可以帮助推广龙舟运动,发扬与传播中华文明与文化,培养志愿者爱国主义精神,向国外友人展示中国青年昂扬向上的正能量与民族自豪感。

（二）锻炼志愿者能力，提升志愿者素质

本次大赛是国际赛事，对志愿者的能力要求更高，通过赛前培训和实际工作经历可以磨炼学生意志，提高学生志愿服务能力。与国际名校的学生交流，可以增长见识，深刻体会团队精神的重要性以及责任意识。

（三）传播志愿者精神，吸引更多人参与加入

通过龙舟赛及相关活动的志愿服务可以更好地传达"奉献、友爱、互助、进步"的志愿者精神，提升志愿者的影响力和吸引力，带动更多的人加入到志愿者行列中来。

三、前期组织与宣传

公共赛事志愿服务队根据学校需要，协助大赛委员会在我校组织选拔大赛志愿者。通过网络平台、张贴大字报和动员校二级学院等方式进行宣传活动，引发全校热烈反响。服务队在志愿者选拔期间负责维护现场秩序，为选拔提供便利条件。校团委专门邀请外教对随团翻译志愿者进行面试，服务队协助校团委从众多报名者中共选拔出 30 名优秀学生担任本次龙舟赛随团翻译，随后选出 161 名学生担任本次龙舟赛的赛事志愿者、论坛和闭幕式志愿者。为保证志愿者的高素质，公共赛事志愿服务队严格执行大赛委员会培训方案，一次一次的彩排训练，保证了赛会期间的每一项工作的顺利进行。

四、活动过程

（一）赛事服务

公共赛事志愿服务队另设随团志愿者服务部，为 24 所高校运动员及随团翻译提供帮助服务，积极了解参赛者所需，做好应急预案并对已出现问题作经验推广，保障大赛及系列活动的顺利进行。30 名随团翻译志愿者进行了为期六天的志愿服务工作，主要负责每支代表队的接待和比赛全程的联络工作，服务境外代表队的志愿者还要负责翻译工作。在开幕式、赛事进行中和闭幕式期间，161 名志愿者参与了现场布置并在现场、码头围成人墙维护秩序；赛会期间，志愿者为参赛队伍提供提醒检录、送水、送药等志愿服务工作。

（二）论坛服务

论坛召开期间，选拔的学生干部志愿者参与了布置会场、迎宾和服务工作等，得到了与会人员的一致好评。

（三）闭幕晚会志愿服务

为维护会场安全与秩序，保证联欢会安全进行，保障现场演员和观众的安全，闭幕式期间，150 名志愿者开展现场布置，提供安保、维持秩序、清理会场等服务，安保志愿者在闭幕式联欢会期间于第一教学楼、机关楼等地的走廊、大厅巡逻。

（四）工作总结

赛会结束后，学校召开了总结大会，以本次世界名校龙舟赛的志愿服务工作经历为基点，总结经验为今后的志愿服务提供借鉴，弘扬志愿者精神。在总结大会中学校领导也对随团翻译以及赛会志愿者们进行了表彰。

五、工作经验与启示

第一，本次赛会，志愿者不畏辛苦，提供不间断的志愿服务，保证了志愿服务的高质量，展现了青年志愿者的精神风貌，同时志愿者们在志愿服务中获得了自我成长。

第二，在赛会期间采取小组管理、互相督促、共同进步的管理模式，加强了自身制度建设，强化了志愿者团队的纪律性，今后将更好地投身于每一项赛事的志愿服务工作中。

第三，在未来工作中要更加重视联络工作的作用，加强与相关组织、相关部门及单位的协调配合，同心同德，协同合作，确保志愿服务工作正常有序进行。

第四，推广了龙舟运动，发扬与传播中华文明与文化，培养志愿者爱国主义精神，向国外友人展示了中国青年昂扬向上的正能量精神。

无偿献血，无上光荣

——东北石油大学阳光献血志愿服务队无偿献血系列活动

组织单位：共青团东北石油大学委员会

创办时间：2009 年

举办时间：2016 年 9 月 12 日～2016 年 12 月 20 日

覆盖范围：东北石油大学、大庆市中心血站

一、活动背景

血液是人体的重要组成部分，当健康人一次失血超过总量的 30% 时就会危及生命，输血是抢救危重病人的一种特殊医疗措施，无偿献血无疑是拯救他人生命的有效方法。随着文化水平的提高，许多大学生意识到献血的益处，并表示希望参与无偿献血活动，为社会公益事业尽一份力。在我校团委的正确领导下，东北石油大学校青协阳光献血志愿服务队针对献血现状，秉持着"立足校园，服务社会"的服务宗旨，与大庆市中心血站合作，成功举办多次无偿献血活动。

二、活动目标与意义

（一）血液需求量大，献血情况紧张

大庆市每年采血量只有达到 1000 万毫升左右，才可以较好地满足全市的临床用血需求。在临床用血淡季，全市每天临床用血量在一万毫升左右，临床用血旺季日均用血量为两万多毫升。面对临床用血需求量大现实情况，只有无偿献血人员增加，血源才能不断增加，以此保证临床用血充足。

（二）立足校园，为大学生提供便捷献血平台

校青年志愿者协会阳光献血志愿服务队举办相关无偿献血活动，不仅传播献血方面知识，而且为我校在校学生提供了一个便捷的无偿献血平台。阳光献血服务队

立足校园进行献血服务及宣传工作,2016年全年共计献血12.2万毫升。

（三）普及献血知识,提高献血意识

通过阳光献血服务队的宣传和活动向在校学生推广献血的意义和精神,向大学生普及关于血液和维护自身健康的知识,促使大学生树立正确的献血观念,主动成为社会献血的主力军,为社会贡献更多的新鲜血液,进而可以挽救更多鲜活的生命。

（四）弘扬志愿服务精神,促进献血活动发展

乐于助人,救死扶伤是中华民族的优良传统美德,无偿献血是为了保证医疗临床用血的需要,自愿献出身体部分血液而不收取任何报酬是一种高尚行为,体现了人们互相帮助、无私奉献的精神,是一种具有积极意义的社会公益活动。

三、组织实施

（一）前期筹备

定期与大庆市中心血站沟通,了解血站需求,制定详细活动方案。通过海报、东油青年志愿者微信公众号、校园网、校园广播、微博等宣传平台提前一周进行宣传,在微信平台开放献血报名入口。针对全校学生进行了三次志愿者招募,共招募志愿者157人。为了方便活动进行,中心血站还在我校大学生活动中心、校二号门设立采血站点。确定献血活动方案,记录报名参加献血人员信息,与血站和各二级学院相关负责人沟通,确保每个细节上的完善。同时做好安全预警,挑选合格的志愿工作人员去熟练相关操作。

（二）开展相关献血活动

1. 开展献血讲座

2016年11月11日,我校各院300余名学生代表在第一教学楼参加献血知识讲座,市优秀献血志愿者受我校青年志愿者协会阳光献血志愿服务队邀请出席献血讲座并发表讲话,为在校大学生讲解献血流程、献血须知以及献血前后注意事项,与同学进行交流并答疑解惑,使同学们对无偿献血有了更进一步地了解。

2. 在血站和血车开展献血

2016年10月23日在我校二号门设立无偿献血服务点,邀请血站工作人员以及血车来我校采血,在我校青年志愿者协会联络和沟通下,电气信息科学学院、电子科学学院、人文科学学院、地球科学学院学生参与了本次无偿献血活动。

2016年11月5日~6日,经济管理学院、艺术学院、数学科学与技术学院、土

木建筑工程学院、外国语学院学生参与了本次无偿献血活动。

2016年11月12日和12月4日,在微信平台报名的献血者、食堂宣传报名的献血者参与了本次无偿献血活动。

我校青年志愿者以及招募志愿者作为工作人员辅助献血过程,在四次献血活动过程中,我校志愿者以及献血者积极配合血站采血人员,志愿服务人员分组负责献血人员登记、指导献血者填报献血信息表、维持现场秩序以及记录献血量及成功人数,保障了献血过程有序进行。

（三）总结宣传

活动结束后,参与人员清扫活动现场并开展总结大会,针对献血人数、献血效率、志愿者服务质量进行总结,反思活动中出现的问题,为今后活动的开展打下基础。

本次活动宣传力度大,宣传范围广,参与人数多,得到了大庆血站及校团委的一致认可。本次活动共有363名同学参加,献血量达55700毫升,献血成功率为61%。此次献血活动得到了大庆市中心血站支持,并授予我校青年志愿者协会锦旗,授予多人"优秀无偿献血志愿者"称号。

四、工作经验与启示

第一,在青年志愿者协会献血服务队的带领下,我校年均献血成功人数多达800余人,自活动创办以来,累计1000余人参加。阳光献血志愿服务队会结合以往开办献血活动经验,致力于将无偿献血活动开展为长期活动,打造成品牌志愿活动。

第二,在招募志愿者的同时,也应该注重献血知识宣传,将两者结合在一起,同时设立专门培训点,为所招募的志愿者开展献血知识专门培训,使其掌握相应的知识基础,并具备解决一定的突发问题的能力,以此来提高大学生专业素养,培养大学生学习与志愿服务能力。

第三,宣传的过程中,现场宣传和互联网宣传要同步,做好报名情况的统计工作。在活动过程中,一定要做好前期准备,制定预备方案,以保证活动的正常进行。

第四,随着科技的发展,新媒体会逐渐成为社会宣传主力,所以宣传过程中要结合新媒体,同时注重定期宣传,在大学生之间普及无偿献血知识,让更多的大学生参与到无偿献血的行列中来。

远离毒品,珍惜青春

——东北石油大学校青协开展禁毒安全系列活动

组织单位:共青团东北石油大学委员会

创办时间:2014 年

举办时间:2014 年 6 月 4 日

覆盖范围:东北石油大学

一、活动背景

近年来,在校大学生吸食毒品的案件频频发生。数据显示,接近一半的大学生不了解毒品危害的严重性,甚至有一部分大学生认为毒品是 100% 可以戒掉的,而对于吸毒可能导致的传染病更是知之甚少。因此,为了避免我校大学生受到毒品的侵袭,在校团委的支持下,在省市禁毒大队的协助下,东北石油大学校青协禁毒志愿服务队响应第 23 个国际禁毒日"珍惜美好青春,远离合成毒品,拒绝毒品,健康人生"的主题,根据我校的实际情况,开展"远离毒品,珍惜青春"禁毒安全系列活动。

二、活动目标与意义

(一)坚决抵制毒品,营造和谐校园

通过演讲与讲座相结合的方式,使我校大学生既能主动地了解毒品危害,又能系统地学习预防毒品的基本知识及禁毒政策与法律法规,从而掌握拒绝毒品的方法与技能,提高安全防范意识,提升自我约束力,抵制社会不良风气,营造健康文明的校园氛围。

(二)彰显志愿精神,推广禁毒事业

此次活动的参与人员为招募的志愿者和禁毒志愿服务队队员。本次活动的目的是在活动结束后,志愿者们能将自己掌握的对毒品的基本识别能力和自我保护本领传授给身边的朋友、同学和家人,将禁毒意识向家庭、社会延伸,形成一个学生带动一片的宣传效应,为禁毒事业的发展贡献一份力量。

三、组织实施

（一）前期准备

活动开始之前,禁毒服务队确定禁毒活动实施方案,联合各二级学院青协,并利用微信平台、海报、板报、广播等多种方式对活动进行宣传,扩大影响力,同时联络省市禁毒支队,邀请大庆市禁毒支队副队长闫洪涛、市禁毒支队警官宋扬扬担任活动嘉宾,活动当天由宋扬扬警官为大家进行禁毒安全知识讲座。

（二）活动流程

1."远离毒品,珍惜青春"演讲比赛

2014 年 6 月 4 日,"远离毒品,珍惜青春"禁毒主题演讲比赛在我校机关一楼会议室举行。此活动通过板报、人人网、QQ 等方式在全校 13 个学院进行宣传,近200 名禁毒志愿者报名参加了这次活动。禁毒演讲比赛经历了初赛、复赛的选拔之后,共有 12 名选手进入决赛。在决赛中,演讲内容主题鲜明深刻,真实典型,事迹感人,贴近生活,说服力强,极具感染力。最终,人文科学学院选手杨光同学获得一等奖。通过参赛者阐述对毒品的认识以及切身的感受,有效宣传了禁毒相关知识,提升了禁毒防毒意识。

2. 开展禁毒知识宣传讲座

2014 年 6 月 4 日,大庆市禁毒支队警官宋扬扬到我校进行禁毒知识宣传讲座,为招募的 150 余志愿者讲解了各类新型毒品的种类、危害,列举真实案例,从如何增强自我保护意识、克服好奇心强、慎重交友等方面告诫大家如何抵制毒品,帮助同学们认清毒品危害,消除了同学们对毒品认识的盲点,加深了同学们对禁毒知识的理解。

（三）活动后期

总结经验教训,确保下次活动顺利进行;整理相关材料存档,及时撰写新闻稿并发表到学校新闻网;在人人网和 QQ 上进行推送宣传。

四、工作经验与启示

第一,禁毒安全系列活动为校青协禁毒志愿服务队的品牌活动。此次活动通过演讲比赛与宣传讲座结合的方式,让同学们接受禁毒知识的同时又能主动参与其中,打破了以往同学们单向学习禁毒知识的局面,提高了同学们学习的主观能动性,得到了广大同学的认可,提升了我校学生的禁毒防毒能力。

第二,在禁毒日以外,也要开展更多的禁毒安全活动,同时要加大宣传力度,通过网络媒体途径推送更多、更全面的禁毒安全知识,让广大学子提高禁毒防范意识。

第三,将演讲比赛和讲座的成果制作成成果集进行巡展,进一步宣传禁毒安全知识。开展禁毒安全活动,扩大校园影响力,形成了良好的禁毒文化氛围。

传承雷锋精神,践行时代品质

——东北石油大学学雷锋志愿服务队系列活动

组织单位:共青团东北石油大学委员会

创办时间:2014 年

举办时间:2016 年 3 月 5 日

覆盖范围:东北石油大学及学校周边社区

一、活动背景

3 月 5 日,是毛泽东同志发表"向雷锋同志学习"的纪念日。近 50 年来,雷锋精神激励着一代又一代的新人。为了弘扬雷锋精神、铁人精神,深化我校师生对"奉献、友爱、互助、进步"的理解,激励学生树立无私奉献、自强不息的优良品质,推动全校师生以实际行动践行新时代雷锋精神、铁人精神,提高全校学生志愿服务意识,志愿服务队采取集中行动与自主行动相结合的方式,通过市精神文明办与六个社区确定了服务意向,联合二级学院青协定期组织开展了扶贫救助、文明礼仪、安全教育、文明交通、网络文明、国防教育、环境保护、应急救援等以关爱他人、关爱社会、关爱自然为主题的学雷锋志愿服务活动。

二、活动目标及意义

(一)践行雷锋精神、铁人精神

以"学雷锋树新风,学铁人立新功"为主题全校志愿者开展进爱心小学义务支教、进社区挂职锻炼、清扫校园、关爱老人、关爱留守残障儿童、节能减排宣传等志愿服务活动,呼吁全校学生人人都做志愿者,在实际行动中感受志愿精神,积极参与志愿服务活动,立足校园,服务社会,达到带动全校师生以雷锋为榜样,以铁人为楷模,做雷锋精神、铁人精神、志愿精神的传承者和实践者的目的。

(二)提高服务水平,扩大志愿服务队伍

通过学雷锋系列活动,号召全校师生从身边小事做起,从而提高大学生的整体志愿服务意识,增强大学生的社会责任感。基于我校良好的志愿服务工作基础,继续扩大志愿者队伍,联合各二级学院积极组织宣传工作,达到"学雷锋在今日,做雷锋在全年"的宣传效果,将雷锋精神落到实处,充分展示东油学子特有的精神风貌,营造良好的志愿服务氛围。

三、组织实施

(一)前期组织与宣传

制定活动策划书并与六大社区、敬老院及食堂等各负责人取得联系;联合各二级学院青协利用微信平台、海报、板报、广播等多种方式对活动进行宣传,扩大影响力;与各组织负责人沟通活动流程,商议活动细节,最后确定具体事项安排、参与人数。

(二)活动实施

1. 除冰清障、清扫食堂暖冬系列活动

2016 年 3 月 5 日,学雷锋志愿服务队带领部分学院青年志愿者协会的志愿者们对校内社区冰雪路段进行了集中清理,为全校师生的出行提供了有力的保障;组织 80 名志愿者协助食堂进行了餐后清洁活动,并与食堂建立了长期志愿合作意向,得到了食堂员工的一致好评。

2. "学雷锋月"系列活动

学雷锋志愿服务队携手我校各二学院青协不断丰富活动形式和内容,通过市精神文明办与六个社区确定了服务意向,并已开展服务活动。除继续暖冬系列活动,与晚报合作开展义卖报纸的活动外,积极地走出校园走进社区,协助社区打扫卫生并拜访社区的空巢老人、关爱留守儿童,至今已进入社区 50 余次,参与人数达 200 余人。

与此同时,各学院青协也开展了各具特色的活动:土木工程学院的志愿者在大庆市客运枢纽站协助弱势群体和外地旅客检票登车,开展了"举手之劳,让爱发芽"活动,将志愿者志愿服务点滴做成板报进行展示,以自己的实际行动展现了对雷锋精神的认识;电子科学学院青年志愿者协会组织了爱心募捐活动,还组织了在学校图书馆赠送手写期刊活动,深入宣传雷锋精神;电气信息工程学院和艺术学院开展了节能减排活动,通过展板、张贴节水标语和发放环保纸袋等方式向师生宣传节约理念;外国语学院展开"大三对大一面对面"的帮扶活动,解决同学们在学业、就业、学生组织、学校生活等方面遇到的问题;数学科学与技术学院建立了"雷锋铁杆粉丝团"腾讯微博,为学生发放"雷锋粉丝卡"并把学雷锋志愿服务活动正式纳入德育测评体系,并评选出"学雷锋标兵"予以表彰。

我校志愿者们在活动中传递爱心,传承和发扬雷锋精神,将雷锋精神落到了实处,让雷锋精神走出校园,走进社会,充分展示了东油学子特有的精神风貌。

(三)活动总结

活动后服务队按照要求提供活动策划、宣传稿、新闻稿以及活动总结等信息,指出此次活动的不足之处,在下次活动中加以改进,并将活动成果在校青协的微信平台上展出。

四、工作经验与启示

(一)工作经验

此次系列活动通过多种形式,让同学们了解铁人精神、雷锋精神的同时又能主动参与其中,学生的参与度高、反馈良好,打破了以往同学们仅在书面理解雷锋精神、铁人精神的局面,用行动诠释了"雷锋"二字的含义,影响和带动身边人,展现了东油学子"弘扬雷锋精神,践行志愿理念"的精神风貌。

(二)工作启示

1. 及时反馈,形成典型经验及创新做法,提高组织运行的效率以及分工策划的有效性,提高志愿服务水平。

2. 注重宣传,营造氛围。将学雷锋系列活动成果制作成成果集进行巡展,联合各二级学院及六大社区充分运用广播电视、微博、微信等团属宣传阵地,在活动开展的各个阶段做好宣传,形成声势,扩大影响。在活动中要突出典型、提炼经验,努力营造人人学雷锋,传递正能量的良好氛围。

文体艺术篇

中国结·中国情·中国梦

——东北石油大学"三回盘长结"手工编制活动

组织单位:东北石油大学红叶手工艺协会

创办时间:1996 年

举办时间:每年 12 月

覆盖范围:东北石油大学全体学生

一、活动背景

随着全球化发展,中国逐步走向世界,中国结也因其造型独特、绚丽多彩、寓意深刻、内涵丰富成为国内、国际时尚潮流的重要元素。中国结是一种中国特有的手工编织工艺品,它有着团结、幸福与平安等多种寓意,显示了中国人的情致与智慧;它年代久远,是中华民族特有的文化精髓,是中华民族劳动人民数千年来的文化结晶。

我校红叶手工艺协会已成功举办中国结编制系列活动多年,并将其作为协会特色活动之一。活动中,由专人指导,小组学习,大家一起动手体味中国结中所凝聚的中华艺术魅力,把自己的艺术美感与浓浓情思融入其中,编制出了精巧的中国结,也编制出了丰富多彩的大学生活,更编制出了中华的民族情怀。

二、活动的目标与意义

(一)传承中华文化

中国结,显示了中华古老文明的情致与智慧。它有着复杂曼妙的曲线,却可以还原成最单纯的二维线条;它有着飘逸雅致的韵味,又是古代人类生活的基本工具。举办中国结编制系列活动,有利于增强同学们对中华传统文化的认识,提高传承中华传统文化的热情。

(二)培养民族骄傲

中国,是中华祖先勤劳与智慧的结晶,是炎黄子孙心连心的象征。在飞速发展的今天,当外来文化一步步占满每个中国人的周围时,中国结却作为中国的代表走向世界。中国结代表了我们古人的勤劳智慧,代表了制作者的细腻思绪,更代表了每一个中国人的骄傲。

(三)丰富课余生活

在紧张忙碌的大学学习生活之余,坐下来,静下心,自己动手做个中国结,何不为一件惬意的乐事。有人细心指导,有协会提供材料,在教室里,大家一起感受艺术的魅力,体验自己动手的快乐。

(四)促进同学沟通

"三回盘长结"编制活动面向全校学生,吸引了众多手工艺爱好者参与。不同院系的学生坐在一起,相互学习,相互交流。这里有志趣相投之友,有技艺高超之师,这里更有令人轻松的一片小天地。

(五)彰显社团特色

红叶手工艺协会自创办以来,一直以手工艺制作为协会特色,中国结文化的传承更是协会中不可或缺的一部分,协会在原有的教授上不断丰富,由简入难,为同学们今后的中国结制作打下坚实基础。

三、组织实施

(一)前期准备

1. 组织教授人员统一提前学习,反复练习,确保教授人员对教授内容有较深的理解。

2. 做好宣传工作,在校园媒体上发布活动预告,在红叶手工艺协会官方 qq 群发布活动通知的公告,号召大家积极参与活动。

(二)现场流程

1. 活动的开幕

会长主持讲解中国结对中华儿女的特殊意义与内涵,宣布活动正式开始。

活动板报

分组教授

2. 讲解中国结的编制技巧

讲解纽扣结的打法及要点并做演示,以纽扣结作为中国结的开头;讲解在泡沫板上的固定及线的穿法;讲解穿线口诀;讲解双联结的打法及要点并做演示,以双联结作为结尾;根据小组成员制作情况,轮流单独指导;最后进行中国结的整形,一个漂亮的中国结就完成了。

3. 作品展示

小组内作品展示,大家相互学习,体会制作中国结的心得;拍成照片发到红叶手工艺协会QQ群里,大家相互点评。

四、工作经验与启示

"三回盘长结"手工编制活动结束,同学们收获颇多,提高了能力,丰富了知识,开阔了眼界,陶冶了情操,感受到了中国文化的熏陶。

百余人制作出了自己的三回盘中国结,大家热情高涨,对中国结有了新的认识,也更加喜欢传统文化,有了传承传统文化的兴趣,更是体会了自己动手的快乐与满足。

中国结历史悠久,不仅满足现代人美的观念,更是走向了全世界。中国结的制作,不仅培养了同学们的爱国精神,让大家更加具有民族骄傲感,也为我们勤劳而富有智慧的先人们感到骄傲,为我们作为中国人而骄傲。

协会对中国结的制作进行了改进与创新,更加彰显了协会特色。

赏冰乐雪，爱在东油

——首届校园冰雪节活动

组织单位：东北石油大学艺术学院

创办时间：2016 年

举办时间：2016 年 11 月～2017 年 1 月

覆盖范围：东北石油大学全体在校生

一、活动背景

为发挥冰雪资源优势，强化大庆市文化软实力建设，提升城市文化品质和城市影响力，进一步推进市校深度融合，我校在市属黎明湖湖面创建的大学生冰雪艺术实践基地现已落成。东北石油大学大学生冰雪艺术实践基地以冰雕与雪雕两项艺术实践为教学实践项目，以冰雪为市场元素，使冰雪景观和冰雪运动完美地结合起来，打造大庆冰雪精品，也是全市"赏冰乐雪"主题活动的组成部分。其实践项目包括东北石油大学冰雪节、"大庆之冬"文艺演出、雪地画及摄影比赛、冰雪雕作品评比和冰雪游乐活动。

艺术学院美术及设计系作为东北石油大学冰雪节活动的主要承办单位，于2016 年底成功组织承办了东北石油大学首届踏雪节、雪踏画创作大赛、雪地摄影比赛、冰雪雕作品评比和冰雪游乐活动。活动内容和形式均体现向真、向善、向美、向上的校园文化特质。

二、活动目标与意义

冰雪节活动作为东北石油大学大学生冰雪艺术实践基地实践项目的一部分，

旨在贯彻落实习近平总书记在黑龙江视察时的重要讲话精神,同时也是落实省、市"赏冰乐雪"活动部署的具体举措,在全校上下形成了"人人关注冰雪运动,人人参与冰雪活动"的良好氛围。

这项活动的开展,是以立德树人为根本任务,以美育教育为突破口。开展好学校第二课堂活动,促进了教育教学质量的提高。通过活动,打造冰雪艺术精品和冰雪文化,增添城市冰雪人文景观,丰富市民文化艺术生活,让同学们充分感受冰雪魅力的同时,也为大庆市"赏冰乐雪"主题活动泼墨添彩,加快市校深度融合的步伐。

三、组织实施

（一）时间安排

1. 2016 年 11 月至 2016 年 12 月中旬,制定活动方案,面向全校 13 个二级学院开展宣传、联系工作,力求扩大学生的参与面和普及面。

2. 2016 年 12 月中旬至 2017 年 1 月,为校园冰雪节活动实施阶段,开展雪踏画创作大赛、踏雪节、雪地摄影大赛与冰雪雕作品设计评比活动。

（二）活动流程

本届冰雪节活动分校内校外两部分:

1. 校内雪踏画创作大赛

雪踏画创作大赛由艺术学院团委主办、美术及设计系承办,在我校图书馆门前广场举行。经过前期宣传,共有十支队伍参加了首届雪踏画创作大赛活动,各支参赛队伍在划分好的区域内进行雪踏画创作。同学们齐心协力,在白雪皑皑的雪地上创作出一幅幅优美的作品。虽然天气异常寒冷,但是丝毫没有影响大家创作的热情,大家用身边的铁锹、扫帚、竹竿等工具进行自由创作,比赛气氛十分热烈。经过同学们两个小时的努力,图书馆门前的广场上出现了一幅幅充满想象力与创造力的画作,产生了生动的音符、奇幻的蝴蝶、可爱的圣诞老人等多幅将雪作为元素背景的设计作品。

2. 校外踏雪节

校外活动开始后,艺术学院的师生们在黎明湖冰面上进行了雪踏画创作。大家齐心协力,用铁锹、雪铲、扫帚等工具进行创作,在白雪覆盖的冰面上绘出了以眼睛为造型、名为《看世界》的优秀作品。师生们创造的八幅雪雕作品也在黎明湖畔亮相。

四、工作经验与启示

开展"赏冰乐雪"活动,是环境设计专业第一课堂教育内容的延伸,也是培养学生综合素质和创新能力的重要途径。第二课堂的创新性促进了第一课堂学生专业学习的提升,为艺术学院教学水平的发展助力,也为校园文化建设、打造校园特色文化贡献了一份力量。

由于此类活动受到天气因素影响较大,因此,活动效果可能会受到不同程度的影响,应根据可能存在的影响因素提前准备应急预案。

展示自我,释放青春

——东北石油大学社团文化节活动

组织单位:共青团东北石油大学委员会

创办时间:2016 年

举办时间:9 月

覆盖范围:东北石油大学全体师生

一、活动背景

为进一步丰富校园文化,展示校园社团风采,促进学校社团更好地发展,同时也为打造社团品牌,让学校全体师生更进一步地了解社团,走进社团,融入社团,提高全体学生的综合素质,加强我校广大学生的文明修养,经研究,校团委、学生社团联合会决定举办社团文化节活动。作为学校精神文明建设的生力军,学生社团担负着促进校园文化传播、沟通学校师生的重任,同时作为广大学生锻炼自我、展示自我的桥梁,学生社团更是学校总体形象的代言人和对外交流的重要窗口。

本次社团文化节分为两个阶段,分别是活动阶段和招新阶段。活动阶段也将分为两个阶段,分别是表演阶段和表彰阶段。

每一个节目都满载着一份份社团情谊,与一份份社联人的期望,学生们凝聚在这里,为了让梦想能够翱翔天空而努力奋斗着、奉献着。

二、活动目标和意义

众所周知,大学生在进入大学后都会加入自己感兴趣的社团,参加社团活动是大学生活中必不可少的一个环节。社团文化节,犹如学校社团举办的一个社团聚会,所有的社团都可以根据各自社团独有特色开展各种活动。

学生社团是建立在拥有共同的兴趣爱好、相同的价值观基础上的一个群众性团体,社团活动的顺利开展需要每个成员的责任心、爱心以及团队意识,那些富有爱心、奉献精神的社团成员会得到大家的尊重认可,在无形中强化了学生积极健康的心理。学生社团是校园文化的重要载体,是第二课堂不可或缺的组成部分,也是学生培养兴趣爱好、扩大求知领域、陶冶思想情操和展现才华与智慧的广阔舞台。重视和加强学生社团工作对提高学生素质,培养学生综合能力,营造校园文化氛围,传承学校文化等方面都有着非常重要的意义。

举办社团文化节就是要让所有社团聚集在一起,同学们可以到社团文化节的现场参加其他社团举办的活动或者比赛,体验其他社团的文化魅力,丰富自己的校园生活。而社团文化节开展期间,大家可以通过参加各种各样的社团活动,充分展示自己的才华,社团也可以借此机会扩大各自的影响力,吸引更多兴趣相投的学生加入,壮大自己的队伍,使自身获得更大的发展。

三、组织实施

在社团文化节的舞台上,35 个社团上演了 80 多个精彩纷呈的节目,不仅活跃了全场的气氛,也让阴雨连绵的全场不再寒冷。振武会的武术表演《群英荟萃》、跆拳道协会的《旋风跆拳舞天下》、礼仪队的舞蹈《落花情》、铁人国旗护卫队带来的合唱《强军战歌》、大学生艺术团乐器演奏《我为祖国献石油》等节目更是引爆全场。

在篮球场内,校级组织和校级社团的纳新工作有序进行,报名现场异常火热。短短两天时间内,仅校级六大学生组织的 47 个部门就收到近 2000 名大一新生的报名申请。

在演出进行的同时,校级学生组织、校级社团友谊篮球赛也在火热进行中,本次参赛的 32 支队伍由校级学生组织、校级社团成员组成,经过两天的激烈角逐,摄影协会以 20∶18 的优异战绩将社团组冠军收入囊中,原创 DV 协会夺得亚军,广播协会、国旗班和礼仪队联队分别获得第三、四名。学生会主席团篮球队获得学生干部组的冠军,校青年志愿者协会和学生支部队联队获得亚军。

四、工作经验与启示

本次活动在继承传统的同时展现出了许多新亮点、新突破。

第一,招新模式的改变,过去招新模式比较混乱,没有统一的方式,经过本次活动,让大一新生提前了解了各组织的职责、各部门的意义、各社团的专长,可以让新生充分按照自己的意愿选择自己擅长的、感兴趣的组织和社团。

第二,开幕式的精彩纷呈,不仅丰富了师生生活,也为我们打造了一场视觉盛宴,现场气氛十分浓厚。

第三,篮球赛的举办,各组织和各社团之间进行大比拼,加强了组织凝聚力,促进了不同文化的交流和碰撞。

后　记

　　优秀中华文化承载着中华民族悠久的历史文化积淀，是中华文明得以存续、传播和绵延的动力源泉。大学文化，作为中华民族文化的重要组成部分，是高校在长期的办学实践中积淀形成的，它蕴含着大学精神、办学理念、校风校训、师德师风等诸多元素。作为大学文化的重要体现，校园文化是全体师生员工共同创造并传承的，它真实客观地反映了一所高校师生员工的共同理想信念、价值取向、事业追求和精神风貌。

　　大庆精神是东北石油大学的立校之本、育人之魂、力量之源，是学校建设发展的宝贵精神财富和不竭动力。在近60年的办学历程中，东北石油大学高擎大庆精神伟大旗帜，励精图治，团结奋进，战胜了一个又一个困难与挑战，创造了我国教育史上的奇迹，如史诗一样激昂，如石油一样厚重。在近60年的办学历程中，东北石油大学以坚实的办学底蕴、先进的办学理念、优良的校风校训、鲜明的育人特色、丰厚的大学文化哺育了一批批"严谨务实、投身基层、无私奉献、报效祖国"的优秀人才，为祖国石油石化事业和东北老工业基地振兴作出了重大贡献。

　　在校园文化的创建、实践和发展中，一代代东油人以大庆精神为引领，以立德树人为根本，践行社会主义核心价值观，进行了多方位、多角度的理论与实践探索，形成了许多有价值、有影响、可借鉴、可应用的理论成果和实践案例，凝炼了别有风格、独具特色的校园文化。在此书中，通过对近五年来校园文化建设理论研究成果和实践经典案例的汇编，回顾和总结了近年来校园文化建设的成果，也为今后校园文化建设的创新与发展提供借鉴和参考。

　　在此书编写过程中,得到了东北石油大学党委领导以及党委宣传部、校团委、学生院、研究生院等相关部门的支持和帮助。在此,编委会对大力支持、积极参与此书编写的各位领导、老师和同学表示衷心的感谢!

　　在此书编写过程中,难免存在遗漏、错误与不足之处,恳请高校同仁、广大师生与社会各界朋友予以指正。

编委会

2017 年 9 月 30 日